ラクして！本気見せごはん

かっちゃん

簡単・時短・節約なのに"食卓映え"する100レシピ

KADOKAWA

はじめに

お　店で食べるような見た目も豪華でおいしい料理をおうちで、しかも簡単に作れたら…最高だと思いませんか？

「ラクして、安価に作れて、簡単なのにめっちゃ映える!!」
「これテイクアウトしたの？　いつもとなんか違う!!　めっちゃおいしい!!」

ってくらい、頑張らないけどちょっとした下処理や工夫で、とびきりおいしい料理が作れます。
　これがラクして（本気出さずに）「本気見せ」の本のタイトルです。

　私自身、料理を日々楽しんでいるのですが、作る楽しさ以上に、料理っておいしさを共有できたり、食べている時間も思い出として残ったりする、素敵なものだと思っています。
ちなみに、私の思い出の料理は祖母の作ってくれた「ハムトースト」です。　パンに地元名産のハムときゅうりをのせ、マヨネーズをかけて焼いただけ。　シンプルで簡単な料理でも素敵な思い出として残り、今でもよく作ります。

「今日のレシピは何にしよう？」「買い物はどこに行こう？」「どうやって作ろう？」

献立を考えたり買い物に行ったり、調理をしたりと、料理って頭も体力も使うんですよね。仕事や家事、育児をしながら、それを毎日続けるのは本当にすごいことだと思います。

この本では、スーパーで買いやすい食材・自宅にあるような調味料で、かつ生活シーンに合わせた簡単な調理方法で作れるレシピを厳選して掲載しました。

実際に私の買い物は、1分で行けるような近所のスーパーやドラッグストアで済ませています。

それくらい本当に買いやすい食材で作れます。買い物も体力を使うので、ここもできるだけラクするのが大切だと思っています。

毎日レシピを作っている中で、「作りたい！」「おいしそう！」「食べてみたい！」と、みなさんにワクワクしていただける料理をお届けすることを大切に活動しています。

この本が日々のみなさんのお役に立ち、「おいしい」や「楽しい」を共有して素敵な時間や思い出のきっかけになれたらうれしいです。

かっちゃん

Index

- 2 > はじめに
- 8 > 本書の特徴

Part 1

10分だけで本気見せ

∨ P10

- 12 > たまご豚チリ
- 14 > たれかつ
- 15 > 名古屋風スパイシーチキン
- 16 > 豚こま魯肉飯
- 18 > 豚こまトンテキ
- 19 > 豚こましょうが焼き
- 20 > てりマヨささみ
- 22 > とろとろ肉なすグラタン
- 23 > やみつきカルボチキン
- 24 > 極上チーズ天津飯
- 26 > ぺぺ鯖／サクコロちくわごぼう
- 27 > 豚のから揚げ／よだれ厚揚げ
- 28 > 塩だれ豚きゅうり／ポタージュパングラタン
- 29 > 塩チーズフレンチトースト／ししゃも春巻き

Part 2

レンチンだけで本気見せ

∨ P30

- 32 > ワンボウルチャプチェ
- 34 > てりうまチキン
- 35 > ごろごろチキンのトマトカレー
- 36 > 冷やしなすおでん
- 38 > あんかけ豆卵
- 39 > 彩りだし巻き卵
- 40 > サラダポーク
- 42 > ハニーマスタードチキン
- 43 > 肉詰め厚揚げ
- 44 > 大根のグラタン風／豆腐のすき煮
- 45 > 鮭の南蛮漬け風／いなりあげ餅
- 46 > えびのクリームパスタ／和風きのこパスタ
- 47 > 台湾風焼きそば／おつまみ肉キャベツ

Part 3

炊飯器だけで本気見せ

P48

- 50 > やみつきスペアリブ
- 52 > 鶏むね肉の和風コンフィ
- 53 > 豚肉と玉ねぎのまるごとポトフ
- 54 > 和風あんかけハンバーグ
- 56 > 鯛のレモンアクアパッツァ
- 57 > ほろほろ鶏大根
- 58 > 鶏中華おこわ
- 60 > まるごとトマトごはん／豚たまこんにゃく
- 61 > とろ手羽大根／豚とたけのこのオイスターソース煮

Part 4

1人前ほぼ100円だけで本気見せ

P62

- 64 > 豆腐そぼろ混ぜそば
- 66 > とろたまポーク
- 67 > ガーリックてりマヨチキン
- 68 > 明太長いもグラタン
- 70 > 豆腐から揚げ／豆腐のオーロラ炒め
- 71 > もちコロ白菜焼売／ゴロゴロなす焼売
- 72 > 海苔巻きえのき／大根フライ
- 73 > かにあんかけ茶わん蒸し／のり塩豚天

Index

Part 5

野菜 *1* つだけで 本気見せ

▽ P74

- 76 > 焼きとろなす
- 77 > スパイシーなすスティック
- 78 > のり塩フライド大根
- 79 > 漬け蛇腹大根
- 80 > ブロッコリーのフリット
- 81 > 漬けブロッコリー
- 82 > ガリバタにんじん
- 83 > にんじんのガレット
- 84 > 甘辛ピーマン
- 85 > くたくたピーマン
- 86 > ザクホクッぽてと／
  とうもろこしのかき揚げ
- 87 > だし漬けオクラ／
  さつまいもの揚げだんご
- 88 > ポリポリわさきゅー／
  塩バターかぼちゃ／ふりふりレタス
- 89 > さくころズッキーニ／
  サク旨ごぼう／アボカドの焼き浸し

Part 6

食材 *2* つだけで 本気見せ

▽ P90

- 92 > なすとんかつ
- 94 > てりたまポーク
- 95 > ガリバタさつまいもチキン
- 96 > ヤンニョムなすチキン
- 98 > 海老ユッケ丼
- 99 > こんがり梅だれ豚きゅー
- 100 > 紅しょうがの肉巻き／
  新玉ねぎチキン
- 101 > ゴーヤーちくわ／
  焼き鶏じゃが
- 102 > 揚げ出し鶏大根／
  アボカドチキン
- 103 > キャベツの豚バラ太巻き／
  ねぎだく水晶たら

Part 7 パーティーだって本気見せ

▼
P104

106 > たまご押し寿司
108 > てりたまチキンピザ
109 > ミルフィーユたまごサンド／
手羽先フライドチキン
110 > かぼちゃのスフレチーズケーキ
112 > ひと口チョコチュロス
113 > まるごとみかんケーキ／
ごろごろ桃ゼリー

毎日のレシピ作り

116 > 料理のこと
「家族との食卓が一日で
いちばん好きな時間」
117 > 仕事のこと
「料理を軸に、
活動の幅を広げていきたい」
118 > 巾着シリーズ
119 > 混ぜて焼くだけシリーズ
120 > パリパリシリーズ
121 > おにぎりシリーズ
122 > 地元のこと
「地元のおいしいものを知ると、
料理がもっと楽しい」

124 > 主要食材別Index

本書の特徴

Point
簡単なのに、手が込んでいるような
見映えの良い料理ができます！

時間がない！
Part 1
P10

火を使いたくない！
Part 2
P30

ほったらかしにしたい！
Part 3
P48

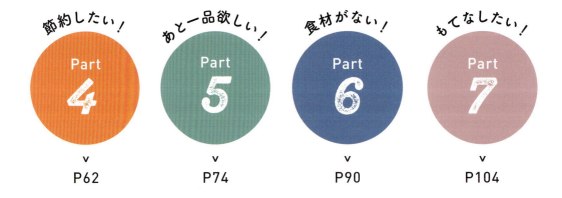

節約したい！
Part 4
P62

あと一品欲しい！
Part 5
P74

食材がない！
Part 6
P90

もてなしたい！
Part 7
P104

STAFF

撮影／よねくらりょう
スタイリング／大関涼子
デザイン／細山田光宣＋奥山志乃（細山田デザイン事務所）
校正／鷗来堂
DTP／新野 亨
編集／岸上佳緒里
　　　濱田瑠奈（KADOKAWA）
撮影協力／UTUWA

Point

ほとんどの料理が
お家にある調味料で作れます！

お家にあるもの

砂糖、塩、酢、
醤油、味噌…など
基本調味料で
ほとんど作れます。

揃えて欲しいもの

白だし
オイスターソース
コチュジャン
焼肉のたれ
味の決め手によく使います。

あるといいもの

五香粉
オールスパイス
マーマレードジャム
なくても作れるけれど、
あるとおいしさが増します。

本書の決まりごと

○大さじ1＝15㎖、小さじ1＝5㎖です。
○卵はMサイズを使用しています。
○電子レンジは特記がない限り600Wを基本としています。
○電子レンジ、炊飯器、オーブントースター、魚焼きグリル、オーブンは、
　機種により加熱・焼成時間が異なります。ようすを見ながら加減してください。
○野菜を洗う、皮をむくなどの工程の記載は省いています。
　また、野菜の切り方は、基本的に材料の後ろに括弧書きで記しています。

Part
1

10分だけで
本気見せ

日々の暮らしの中で
おいしいご飯を準備したいけれど、
時間がない…ってこと、よくありますよね。
そんな時でもこのレシピがあれば大丈夫。
10分で作ったとは思えないほど見映えよく、
味ももちろん絶品なものばかり。
魯肉飯など普通なら時間がかかる料理も
短時間調理で本格的な味が楽しめます。

たまご豚チリ

お家にある調味料で手軽にできる簡単チリソース。
とろとろの卵とやわらかな豚肉に、ソースがよ〜くからみます。

材料 （2人分）

豚ロースとんかつ用肉 … 2枚（300g）
塩 … 少々
片栗粉 … 適量

A
- 卵 … 2個
- マヨネーズ … 大さじ1

B
- 長ねぎ（みじん切り）… 10cm
- 水 … 150ml
- トマトケチャップ … 大さじ2
- 醤油、砂糖 … 各大さじ1
- おろしにんにく、
  鶏ガラスープの素 … 各小さじ1
- 片栗粉 … 小さじ2
- 一味唐辛子 … 3ふり

サラダ油 … 小さじ2

作り方

1. 豚肉はひと口大に切って塩をふり、片栗粉をまぶす。
2. フライパンにサラダ油を中火で熱し、混ぜたAを流し入れ、半熟に焼いて取り出す。
3. 続けてフライパンに①を並べ入れ、焼き色がついたら裏返し、ふたをして弱めの中火で約2分焼く。混ぜたBを加えて炒め、とろみがついたら火を止めて②を戻し入れる。卵を粗めに崩しながら混ぜて器に盛り、好みで糸唐辛子をのせる。

卵はいったん取り出すことで、ふんわり仕上がります。お家にある調味料で作れるのに、味わいは本格的なチリソースです。しっかり辛みをつけたいなら、一味唐辛子を増やしてください。

ジューシーな豚肉で作るとエビチリを超えるおいしさです

Part 1

たれかつ

10分だけ！

薄切り肉でも食べ応えたっぷり

材料 （2人分）

豚しょうが焼き用肉…6枚（180g）
塩、こしょう…各少々
卵…1個
薄力粉…大さじ4
水…大さじ1
パン粉、サラダ油…各適量

A
- みりん…大さじ2
- 砂糖…大さじ1
- 和風だしの素（顆粒）…小さじ1/2
- 醤油、水…各大さじ2

作り方

1. 耐熱容器にAのみりん、砂糖を入れて電子レンジで約40秒加熱し、残りのAを加えて混ぜる。

2. ポリ袋に卵、薄力粉、水を入れてよくもみ、バッター液をつくる。豚肉は長さを半分に切って塩、こしょうをまぶしてポリ袋に加え、もみ混ぜる。バッター液がついたら、豚肉1枚ずつにパン粉をまぶす。

3. フライパンに多めのサラダ油を中火〜強めの中火に熱して2を入れ、両面をきつね色に揚げ焼きし、油をきる。1のたれにくぐらせて器に盛り、好みで野菜や練りからしを添える。

memo

ポリ袋を使うと、薄切り肉も手を汚さずバッター液をつけられます。ほんのり甘い醤油たれを、ころもにしっかり吸わせて。サンドイッチの具にもおすすめです。

名古屋風スパイシーチキン

こしょうがきいてビールに合う

 6分だけ！

材料 （2人分）

- 鶏もも肉 … 1枚（300g）
- 塩、片栗粉 … 各適量
- A
  - 醤油、みりん … 各大さじ1½
  - 砂糖 … 小さじ2
  - おろしにんにく … 小さじ1
- こしょう、白いりごま … 各適量
- サラダ油 … 小さじ2

作り方

1. 鶏肉はひと口大に切って塩、片栗粉をまぶす。
2. フライパンにサラダ油を中火で熱し、1の皮目を下にして焼く。焼き色がついたら裏返し、ふたをして約2分焼く。ふたを取り、Aを加えてからめる。器に盛り、こしょう、ごまをたっぷり散らす。

memo
名古屋名物の手羽先唐揚げの味を、手軽に楽しめるよう鶏もも肉で再現。こしょうをたっぷりふるのがポイントです。

豚こま切れ肉で煮込まなくても本格的な味わいに

8分だけ！

豚こま魯肉飯

ブロック肉を使う台北のローカル飯は、
こま切れ肉を使って時短調理。
肉に片栗粉をまぶすので味がよくからみ、
まるで煮込んだような味に。

Part 1

材料 （2人分）

豚こま切れ肉…200g
A
- 酒…大さじ1
- 塩、こしょう…各少々
- 片栗粉…大さじ1½

B
- 水…大さじ2
- 酒、オイスターソース…各大さじ1
- 醤油…小さじ2
- 砂糖、おろしにんにく、おろししょうが…各小さじ1
- 五香粉（あれば）…少々

温かいご飯…茶碗2杯分
ゆで卵（二つ割り）…1個
サラダ油…小さじ2

作り方

1. 豚肉は刻み、Aをもみ込む。
2. フライパンにサラダ油を中火で熱し、1を炒める。豚肉に火が通ったらフライパンの余分な脂をキッチンペーパーで拭き取り、Bを加えて煮からめる。
3. 器にご飯、2の順に盛り、ゆで卵と、好みでゆでたチンゲン菜を添える。

memo
余分な脂をキッチンペーパーで拭き取ると、すっきりしつつ旨みが凝縮。肉に片栗粉をまぶしているので、煮込んだように味が染みわたりますよ。

8分だけ!

豚こまトンテキ

にんにくの風味がしっかりきいている

材料 (2人分)

豚こま切れ肉 … 250g
酒 … 大さじ1
薄力粉 … 小さじ2
にんにく（輪切り）… 1片
玉ねぎ（薄切り）… 1/2個（120g）
A みりん、醤油、ウスターソース … 各大さじ1
　 砂糖、トマトケチャップ … 各小さじ2
サラダ油 … 小さじ2

作り方

1. 豚肉は酒をもみ込み、薄力粉をまぶす。
2. フライパンににんにく、サラダ油を中火で熱し、にんにくが色づいたら取り出す。1を加えて炒め、肉の色が変わったら玉ねぎを加えて炒める。
3. 玉ねぎがしんなりしたらAを加えて2のにんにくを戻し入れ、汁けがなくなるまで炒める。器に盛り、好みで野菜を添える。

memo

汁けがほとんどなくなるくらいまで煮からめてください。せん切りキャベツと一緒に食べてもおいしいですよ。

Part 1

8分だけ！
豚こましょうが焼き

せん切りの
しょうががたっぷり

材料 （2人分）

豚こま切れ肉 … 250g
酒 … 大さじ1
塩、こしょう … 各少々
薄力粉 … 小さじ2
しょうが（せん切り）… 20g
玉ねぎ（薄切り）… 1/2個（120g）
A │ みりん、醤油 … 各大さじ1 1/2
　 │ 砂糖 … 小さじ2
サラダ油 … 小さじ2

作り方

1. 豚肉に酒、塩、こしょうをもみ込み、薄力粉をまぶす。

2. フライパンにしょうが、サラダ油を中火で熱し、香りが立ったらしょうがを取り出す。1を入れて炒め、肉の色が変わったら玉ねぎを加えてしょうがを戻し入れ、玉ねぎがしんなりするまで炒める。

3. Aを加え、汁けがなくなるまで炒め合わせる。

memo
油にしょうがの風味を移して、豚肉を炒めます。たっぷりのせん切りしょうがを入れるのが、かっちゃん流です。

甘辛だれとマヨの
子どもも大好きなこってり味

memo
たたいてのばすので、筋を取らなくても気にならず、加熱も短時間で仕上がります。こってりした味付けでご飯が進みますよ。

Part 1

10分だけ！
てりマヨささみ

鶏のささ身肉はたたいてのばすので、面倒な筋取りは不要です。
淡泊な鶏肉に、濃いめの味付けがよく合います。

材料 （2人分）

鶏のささ身肉
　…4〜5本（250g）
酒…小さじ2
塩…少々
片栗粉…適量
A ┃ 醤油、みりん…各大さじ2
　 ┃ 砂糖…小さじ2
マヨネーズ…適量
サラダ油…小さじ2

作り方

1. 鶏肉はラップをかぶせ、麺棒でたたいて3〜5mmの厚さにのばし、長さを半分に切る。酒、塩をふって、片栗粉をまぶす。

2. フライパンにサラダ油を中火で熱して1を入れ、途中裏返して約3分焼き、Aを加えて強めの中火で炒め合わせる。器に盛り、マヨネーズをかけ、好みで野菜を添える。

10分だけ!

とろとろ肉なすグラタン

肉みそをのせて焼くだけなので簡単

材料 (2人分)

豚ひき肉 … 30g
A
　みそ … 大さじ1
　みりん、砂糖 … 各小さじ1
なす（縦二つ割り）… 大1本（150g）
ピザ用チーズ、乾燥パセリ … 各適量

作り方

1. 豚肉は耐熱ボウルに入れ、電子レンジで約40秒加熱し、Aを加えて混ぜる。

2. なすは耐熱皿に並べ入れ、ラップをかけて電子レンジで約3分加熱する。なすの中央に縦に切り込みを入れる。

3. 耐熱皿にアルミホイルを敷いて2を並べ、1、チーズを順にのせ、オーブントースターでチーズに焼きめがつくまで焼く。器に盛り、パセリを散らす。

memo

切り込みを入れてなすを少し開くと、肉みそがのせやすくなります。切り込みに肉みそを入れ込みながら、のせてください。

8分だけ!

やみつきカルボチキン

ジューシーな鶏肉に濃厚なソースが合う

材料 (2人分)

鶏もも肉 … 1枚（300g）
塩 … 少々
薄力粉 … 大さじ2
玉ねぎ（薄切り）… 1/4個（60g）

A
- 卵 … 1個
- マヨネーズ、粉チーズ、牛乳 … 各大さじ1
- おろしにんにく … 小さじ1
- 顆粒コンソメの素 … 小さじ1/2

粗挽き黒こしょう、
　乾燥パセリ … 各適量
サラダ油 … 小さじ2

作り方

1. 鶏肉はぶつ切りにし、塩、薄力粉をまぶす。

2. フライパンにサラダ油を中火で熱して①の皮目を下にして焼き、焼きめがついたら裏返す。玉ねぎをのせてふたをし、弱めの中火で約2分30秒焼き、全体を混ぜる。

3. フライパンを濡れ布巾の上に置いて冷まし、混ぜたAを加えて、とろみがつくまで混ぜる。器に盛り、黒こしょう、パセリを散らす。

memo

フライパンが熱すぎると、卵が固まってしまうので、濡れ布巾の上でひと呼吸おいてから卵を加えて。とろみが足りなければ、極弱火で加熱してください。

> 6 分だけ！

極上チーズ天津飯

ピザ用チーズを卵に混ぜて焼くだけで
いつもよりワンランクアップのごちそう天津飯に！

材料 （1人分）

A
- 卵 … 2個
- ピザ用チーズ … 20g
- 塩 … 少々

温かいご飯 … 茶碗1杯分

B
- 水 … 100mℓ
- 醤油 … 小さじ2
- 砂糖、トマトケチャップ、片栗粉 … 各小さじ1
- 鶏ガラスープの素 … 小さじ1/2

万能ねぎ（小口切り）… 適量
サラダ油 … 小さじ2

作り方

1. 茶碗にご飯を入れ、裏返して皿に盛る。
2. フライパンにサラダ油を中火で熱し、混ぜた A を流し入れ、半熟に焼いて ① にのせる。
3. 続けてフライパンに混ぜた B を中火で熱し、とろみがつくまで混ぜながら煮る。② にかけ、万能ねぎを散らす。

memo
卵はフライパンの縁から中央へ、固まった卵をヘラで寄せ、空いたところにフライパンを傾けて卵を流すという工程を繰り返して、半熟に火を入れてください。

卵の中から
チーズがとろ〜り。
ご飯やあんと
からんで絶品です

> 8 分だけ!

ぺぺ鯖

> 材料 （2人分）

塩鯖 … 2 切れ (150g)
ほうれん草 … 1 束 (200g)
酒 … 大さじ 1
おろしにんにく … 小さじ 1
塩 … 適量
オリーブ油 … 小さじ 2

> 作り方

1. 鯖は 2 ㎝幅に、ほうれん草は 5 ㎝幅に切る。
2. フライパンにオリーブ油を中火で熱し、鯖を並べ入れて途中裏返して約 4 分焼き、いったん取り出す。続けてほうれん草、酒、にんにくを炒め、ほうれん草がしんなりしたら鯖を戻し入れてさっと混ぜ、塩で味をととのえる。

> 10 分だけ!

サクコロちくわごぼう

> 材料 （2人分）

ちくわ … 5 本
ごぼう … 1 本 (150g)
A│マヨネーズ・片栗粉各大さじ 1、水・薄力粉各大さじ 4、カレー粉小さじ 1/2、塩少々
サラダ油 … 適量

> 作り方

1. ごぼうは皮をこそげて洗い、ちくわの長さに切って耐熱皿に入れ、ラップをかけて電子レンジで約 3 分加熱する。粗熱がとれたら、ごぼうをちくわの穴に刺し、食べやすい大きさに切る。
2. フライパンに多めのサラダ油を中火で熱し、1 を混ぜた A にくぐらせて並べ入れる。時々返しながら、全体が色づくまで揚げ焼きにして油をきる。

6 分だけ！
よだれ厚揚げ

材料 （2人分）

厚揚げ…2枚

A│長ねぎ（みじん切り）1/2本、醤油大さじ2、砂糖・みりん・酢・白いりごま各大さじ1、おろししょうが・ごま油各小さじ1

作り方

1. ボウルにAを混ぜる。
2. フライパンに厚揚げを並べ入れて中火で熱し、両面に焼き色がつくまで焼いて取り出す。食べやすい大きさに切り、1に加えてあえる。

10 分だけ！
豚のから揚げ

材料 （2人分）

豚肩ロースとんかつ用肉…2枚（300g）

A│醤油・酒各大さじ1、片栗粉小さじ2、砂糖・おろしにんにく・おろししょうが各小さじ1、塩・こしょう各少々

片栗粉、サラダ油…各適量

作り方

1. 豚肉はフォークで数か所穴をあけて食べやすい大きさに切り、Aをもみ込み、片栗粉をまぶす。
2. フライパンに多めのサラダ油を中火で熱し、1を入れる。途中返しながら、5～6分揚げ焼きにして油をきり、器に盛って好みの野菜を添える。

> 8 分だけ!

塩だれ豚きゅうり

材料 （2人分）

豚こま切れ肉 … 200g
塩 … 少々
片栗粉 … 適量
きゅうり … 2本（200g）
A　長ねぎ（みじん切り）10cm、ごま油・白だし各大さじ2、鶏ガラスープの素・おろしにんにく各小さじ1、粗挽き黒こしょう適量
白いりごま … 適量

作り方

1. きゅうりはたたいて食べやすい大きさにちぎり、A を混ぜたボウルに加える。
2. 豚肉は塩、片栗粉をまぶし、熱湯でゆでて冷水にとる。水けをしっかりきって①とあえる。器に盛り、ごまを散らす。

> 10 分だけ!

ポタージュパングラタン

材料 （1人分）

ハーフベーコン … 2枚
A　ホールコーン缶（汁けをきる）50g、ポタージュスープの素（粉末）1袋、牛乳90mℓ
食パン（6枚切り）… 1枚
ピザ用チーズ、粗挽き黒こしょう、乾燥パセリ … 各適量

作り方

1. 耐熱ボウルに A と、1cm幅に切ったベーコンを入れて電子レンジで約2分加熱し、とろみがつくまで混ぜる。
2. 耐熱皿にひと口大に切ったパンを並べ入れて①をかけ、チーズを散らす。オーブントースターでチーズに焼きめがつくまで焼き、黒こしょう、パセリを散らす。

> 10分だけ！

塩チーズ
フレンチトースト

材料　（2人分）

A｜卵1個、砂糖大さじ1、牛乳100㎖
食パン（8枚切り）…2枚
バター…5g
塩…少々
ピザ用チーズ…20g

作り方

1. ボウルにAを混ぜ、1㎝角に切ったパンを加えて混ぜる。

2. フライパンにバターを弱めの中火で溶かし、1を広げ入れる。底に焼き色がついたら裏返し、塩をふってチーズを散らし、ふたをして弱火で約3分焼く。チーズが溶けたら器に盛り、好みで乾燥パセリを散らす。

> 10分だけ！

ししゃも春巻き

材料　（2人分）

ししゃも…8尾
大葉…8枚
春巻きの皮（ミニサイズ）…8枚
マヨネーズ、サラダ油…各適量

作り方

1. 春巻きの皮1枚に対し大葉1枚、マヨネーズ適量、ししゃも1尾を順に重ねて包み、巻き終わりに水（分量外）をぬってとめる。

2. フライパンに多めのサラダ油を中火で熱し、1を全体にこんがり色づくまで揚げ焼きにし、油をきる。

Part
2

レンチン
だけで
本気見せ

暑くて火を使いたくない時、
疲れたから簡単に済ませたい時など、
電子レンジ調理は強い味方です。
チャプチェ、照り焼き、カレーなど
「これがレンチンで作れるの!?」と
驚きのあるレシピを集めました。

※電子レンジのワット数は、
特記がない限り600Wを基本としています。

ワンボウルチャプチェ

材料も調味料も全部一緒にボウルに入れて、一発調理でできあがり。
材料は固い順に下から入れていってください。

材料 （2人分）

A
- 合いびき肉 … 100g
- 焼肉のたれ … 大さじ4
- 水 … 100㎖

B
- 緑豆春雨 … 40g
- にんじん（細切り）… 1/4本（50g）
- ピーマン（細切り）… 1個
- にら（ざく切り）… 1/2束（50g）

ごま油 … 小さじ1
白いりごま … 適量

作り方

1. 耐熱ボウルに A を混ぜる。B を材料リストの上から順にのせてラップをかけ、電子レンジで約6分加熱する。
2. ごま油を加えて混ぜ、器に盛ってごまを散らし、好みで糸唐辛子をのせる。

レンチンだけで本気見え！

耐熱容器に材料を入れて…
（ラップをかけるものと、かけないで加熱するレシピがあるので注意を）

電子レンジのスイッチオン！
（加熱時間は火の通り具合を見ながら調整を）

混ぜたり、切り分けたりしてできあがり

Part 2

レンチンして混ぜるだけで驚きのおいしさ!

てりうまチキン

焼かずに照り焼き風に

材料 （2人分）

鶏もも肉…1枚（300g）
片栗粉…小さじ1
A
醤油、みりん…各大さじ1½
砂糖…大さじ1
おろししょうが…小さじ1

作り方

1. 鶏肉はフォークで数か所穴をあけ、厚みを均一に切り広げ、片栗粉をまぶす。

2. 耐熱容器にAを混ぜ、1の両面につけて皮目を下にして入れ、ラップをかけて電子レンジで約3分加熱する。鶏肉を裏返して再びラップをかけ、電子レンジでさらに約2分30秒加熱する。

3. そのまま5分おいて余熱で火を通す。食べやすい大きさに切って器に盛り、好みで白髪ねぎをのせる。

memo
途中、裏返すことでまんべんなく火が通ります。調味料が全体によくからみ、やみつきになりますよ。

ごろごろチキンのトマトカレー

ほぼ無水でできます！

材料 （2人分）

鶏もも肉 … 小1枚（250g）
A
- 玉ねぎ（薄切り）… 1/2個（120g）
- カットトマト缶
    … 1/2缶（200g）
- 砂糖、ウスターソース
    … 各小さじ2
- おろしにんにく、
    おろししょうが … 各小さじ1
- 市販のカレールー（刻む）
    … 2片（50g）

バター … 10g
水 … 大さじ2〜3
温かいご飯 … 適量

作り方

1. 耐熱ボウルにぶつ切りにした鶏肉と、Aを材料リストの上から順に入れ、ラップをかけて電子レンジで約8分加熱し、全体を混ぜてルーを溶かす。

2. バター、水を加えて混ぜ、器にご飯とともに盛り合わせ、好みで乾燥パセリを散らす。

memo

材料を全部入れてレンチンするだけでできあがり。加熱後に加える水の量で、とろみを調整してください。

冷たい具に
だしがしっかり染みて
暑い日にピッタリ

冷やしなすおでん

レンチンした具材は温かいうちにだしに漬け込んでください。
オクラ、とうもろこしなど好みの野菜に代えて楽しんで。

材料 （2人分）

なす … 2本（300g）
サラダ油 … 適量
ミニトマト … 6個
ちくわ … 2本
さつま揚げ … 4枚

A
- 水 … 200㎖
- 白だし … 50㎖
- オリーブ油 … 大さじ1

作り方

1. 保存容器にAを混ぜる。
2. なすはガクを除いて皮をむき、サラダ油をぬって1本ずつラップで包み、電子レンジで約3分30秒加熱する。ヘタは残したまま縦に切り、90度回してさらに縦に切り、①に入れる。
3. ミニトマトは十字に切り込みを入れ、熱湯に入れて皮をむき、②に加える。
4. ちくわ、さつま揚げは食べやすい大きさに切り、耐熱容器に入れて約1分加熱し、③に加える。粗熱がとれたらふたをし、冷蔵庫で冷やす。

memo

なすは、ラップを使って油をぬると手が汚れません。そのラップで、そのままなすを包んで。

あんかけ豆卵

天かすがコク出しの隠し味

材料
（直径10×深さ5cmのボウル2個分）

絹ごし豆腐… 1/2丁（150g）

A
- 卵 … 2個
- 醤油 … 小さじ1
- 塩 … ひとつまみ

かに風味かまぼこ … 6本
万能ねぎ（小口切り）… 2本
天かす … 大さじ2

B
- 水 … 大さじ5
- 醤油、みりん … 各大さじ1
- 砂糖 … 小さじ1
- 和風だしの素（顆粒）… 小さじ1/2

水溶き片栗粉
（片栗粉小さじ1、水小さじ2）

作り方

1. 豆腐は泡だて器でペースト状にし、Aを加えて混ぜ、ほぐしたかに風味かまぼこ、万能ねぎ、天かすを加えてさらに混ぜる。

2. 耐熱ボウルにラップを敷き、1を半量入れてラップをふんわりかけ、電子レンジで約2分加熱する。そのまま約2分おいて余熱で火を通し、上下を返して器に盛る。残りも同様に調理する。

3. 耐熱ボウルにBを入れて電子レンジで約1分加熱する。水溶き片栗粉を加えて混ぜ、さらに1分加熱し、とろみが出るまで混ぜる。2にかけ、好みで万能ねぎをのせる。

memo 加熱後に取り出しやすいよう、耐熱容器にはラップを敷いて。かっちゃんは小ぶりのご飯茶碗を愛用。

彩りだし巻き卵

野菜たっぷりで華やか

材料（2〜3人分）

A
- にんじん（細切り）… 1/4本（50g）
- しいたけ（薄切り）… 3個
- 万能ねぎ（小口切り）… 2本
- 鶏ひき肉 … 30g

B
- 卵 … 3個
- 水 … 大さじ3
- 白だし … 大さじ1

作り方

1. 耐熱容器にAを材料リストの上から順に入れ、ラップをかけて電子レンジで約2分30秒加熱する。

2. ボウルにBを混ぜ、1を加えて混ぜる。

3. 耐熱容器（17×12×5cm）にラップを敷いて2を流し入れ、ふんわりとラップをかけて電子レンジで約5分30秒加熱する。ラップごと取り出して包み、10分休ませる。食べやすい大きさに切って器に盛る。

memo 具材が均一になるよう、菜箸などでならしてください。白だしの上品な味わいです。

サラダポーク

200Wの電子レンジでゆっくり加熱し
余熱で火を入れるので、やわらかな肉に仕上がります。
みそだれをつけて召し上がれ。

材料 （3〜4人分）

豚肩ロースかたまり肉 … 500g
塩 … 小さじ1
こしょう … 少々
酒 … 大さじ1
A　砂糖、みりん、酒、みそ、
　　　白すりごま … 各大さじ1
　　コチュジャン … 小さじ1
リーフレタス、好みの野菜
　　… 各適量

作り方

1. 豚肉はフォークで数か所穴をあけ、塩、こしょうをすり込み、室温に30分おく。

2. みそだれをつくる。耐熱容器にAの砂糖、みりん、酒を入れて電子レンジで約40秒加熱し、残りのAを加えて混ぜる。

3. 1の水分をキッチンペーパーで拭き、耐熱容器に入れる。酒を回しかけ、ラップをかけて200Wの電子レンジで約9分加熱する。裏返して再びラップをかけ、200Wの電子レンジでさらに約9分加熱する。アルミホイルを2重にして豚肉を包み、15分以上おいて余熱で火を通す。アルミホイルをはずし、薄切りにして器に盛り、野菜と2のたれを添える。

memo
アルミホイルに包んで余熱で火を通すので、肉がしっとりやわらかく仕上がります。切ってみて肉が赤ければ、加熱時間を追加してください。

しっとりやわらかな肉を
たっぷりの野菜と巻いて
いただきます

ハニーマスタードチキン

お弁当のおかずにもおすすめ

材料 （2人分）

鶏もも肉 … 1枚（300g）
酒 … 小さじ2
塩、こしょう … 各少々
片栗粉 … 大さじ3

A
- 粒マスタード … 大さじ1½
- マヨネーズ、はちみつ … 各大さじ1
- 醤油 … 小さじ1

作り方

1. 鶏肉はフォークで数か所穴をあけてぶつ切りにし、酒、塩、こしょうをもみ込んで10分おき、片栗粉をまぶす。
2. 耐熱皿にクッキングシートを敷き、間隔をあけて❶を並べる。電子レンジで約4分加熱し、鶏肉を裏返してさらに約2分30秒加熱する。
3. ボウルにAを混ぜ、❷をからめる。器に盛り、好みで野菜を添える。

memo
鶏肉の余分な片栗粉を落としてから耐熱皿に並べます。ラップをかけずにレンジで加熱するので、破裂しないように肉に穴をあけるのをお忘れなく。

肉詰め厚揚げ

ふわふわの肉だねを詰めて

材料 （2人分）

厚揚げ（正方形）… 2枚

A
- 鶏ひき肉 … 50g
- マヨネーズ、片栗粉 … 各小さじ2
- 塩、こしょう … 各少々

水 … 90mℓ

B
- 醤油、みりん … 各小さじ2
- 和風だしの素（顆粒） … 小さじ½

万能ねぎ（小口切り）… 適量

作り方

1. 厚揚げは器状に中央をくりぬく。くりぬいた厚揚げは取り置く。
2. ボウルに取り置いた厚揚げとAを練り混ぜ、1に詰める。
3. 耐熱皿にBを混ぜて2を入れてラップをかけ、電子レンジで約6分加熱する。器に盛って煮汁を回しかけ、万能ねぎをのせる。

memo

厚揚げの側面に沿って切り込みを入れ、スプーンで穴があかないように気を付けながらくりぬいてください。

大根のグラタン風

材料 （2人分）

大根（1.5cm厚さのいちょう切り）… 400g
A｜酒・白だし各大さじ1、醤油・砂糖各小さじ1
B｜バター10g、牛乳100mℓ、米粉（または薄力粉）大さじ1、ハーフベーコン（1cm幅に切る）4枚
塩、ピザ用チーズ、粗挽き黒こしょう … 各適量

作り方

1. 耐熱容器に大根とAを混ぜる。ラップをかけて電子レンジで約12分加熱して火を通す（途中、1回取り出して大根を裏返す）。
2. 耐熱ボウルにBを混ぜ、電子レンジで約2分30秒加熱して混ぜる（薄力粉の場合は、ダマに注意）。1を煮汁ごと加えて混ぜ、塩で味をととのえる。
3. グラタン皿に2を入れてチーズを散らし、電子レンジで1分〜1分30秒加熱し、黒こしょうを散らす。

豆腐のすき煮

材料 （2人分）

合いびき肉 … 100g
木綿豆腐 … 1丁（300g）
白菜（細切り）… 100g
A｜醤油大さじ2、みりん・砂糖各大さじ1
水溶き片栗粉（片栗粉小さじ1、水大さじ1）
万能ねぎ（小口切り）… 1本

作り方

1. 耐熱ボウルにひき肉を入れ、豆腐をひと口大にちぎってのせ、白菜をのせる。混ぜたAを回し入れ、ラップをかけて電子レンジで約5分加熱する。
2. 水溶き片栗粉を回し入れ、ひき肉をほぐしながら全体を混ぜ、ラップをかけずに電子レンジで1分加熱する。全体を混ぜてとろみがついたら器に盛り、万能ねぎをのせる。

鮭の南蛮漬け風

材料（2人分）

鮭（切り身）…2切れ（200g）

A｜酢大さじ2、醤油大さじ1½、みりん・砂糖各大さじ1、ごま油大さじ½

玉ねぎ（薄切り）…¼個（50g）
にんじん（細切り）…⅙本（30g）
ピーマン（細切り）…1個

作り方

1. 耐熱皿にAを混ぜ、ひと口大に切った鮭を並べ入れる。ラップをかけて電子レンジで約3分加熱する。

2. 野菜を加えて調味料に浸るように混ぜ、再びラップをかけて電子レンジの庫内に10分おいて余熱で野菜に火を通す。

いなりあげ餅

材料（2人分）

油揚げ（正方形）…4枚

A｜水大さじ4、醤油・みりん・砂糖各大さじ1½

切り餅…4個

作り方

1. 油揚げを袋状に開き、熱湯をかけて油抜きをする。粗熱がとれたら水けを絞る。

2. 耐熱皿にAを混ぜ、1を調味料をからめながら並べ入れる。ラップをかけて電子レンジで約1分30秒加熱し、裏返してさらに約1分加熱して冷ます。

3. 油揚げ1枚に餅1個を入れ、耐熱容器に入れてラップをかけ、餅がやわらかくなるまで電子レンジで約1分45秒加熱する。残りも同様にする。

えびのクリームパスタ

材料（1人分）

むきえび…5尾
ブロッコリー（小房に分ける）…50g
スパゲッティ（7分茹で）…100g
A | 水150㎖、トマトケチャップ大さじ2、顆粒コンソメの素・おろしにんにく各小さじ1
牛乳…100㎖
バター…10g
粗挽き黒こしょう…適量

作り方

1. 耐熱容器にAを混ぜ、スパゲッティは汁けに浸るように半分に折って加える。ふんわりとラップをかけ、電子レンジで約5分加熱する。
2. 牛乳を加えて混ぜ、えび、ブロッコリーをのせて再びラップをかけ、さらに約4分加熱する。バターを加えて混ぜ、器に盛って黒こしょうを散らす。

和風きのこパスタ

材料（1人分）

しめじ…½パック（100g）
エリンギ（輪切り）…1本（50g）
スパゲッティ（7分茹で）…100g
A | 水250㎖、白だし大さじ1½、オリーブ油大さじ1、おろしにんにく小さじ1
おろしわさび…小さじ1
長ねぎ（小口切り）…適量

作り方

1. 耐熱容器にAを混ぜ、スパゲッティは汁けに浸るように半分に折って加え、きのこ類をのせる。ふんわりとラップをかけて電子レンジで約10分加熱する。
2. わさびを加えて混ぜ、器に盛り、長ねぎを散らす。

台湾風焼きそば

材料 （1人分）

豚こま切れ肉 … 40g
中華蒸し麺 … 1玉
もやし … 1/2袋（100g）
にら（ざく切り）… 1/4束（25g）
A｜醤油・オイスターソース・酒 各大さじ1/2、鶏ガラスープの素・おろしにんにく 各小さじ1、砂糖小さじ1/2
ごま油 … 小さじ1

作り方

1. 豚肉は細切りにする。
2. 耐熱ボウルに中華蒸し麺、1、もやしを順に入れ、混ぜたAを加える。ラップをかけて約3分加熱し、ごま油を回しかけてにらをのせ、ラップをかけて約1分加熱する。全体を混ぜて器に盛り、好みで糸唐辛子をのせる。

おつまみ肉キャベツ

材料 （2人分）

合いびき肉 … 100g
キャベツ（ざく切り）… 250g
A｜みりん大さじ1、鶏ガラスープの素・コチュジャン・おろしにんにく 各小さじ1、砂糖小さじ1/2
万能ねぎ（小口切り）… 10g
白いりごま … 大さじ1
ごま油 … 小さじ2
塩 … 少々

作り方

1. 耐熱ボウルにキャベツを入れてラップをかけ、電子レンジで約2分30秒加熱してザルにあけ、粗熱をとる。
2. 耐熱ボウルにAを混ぜ、ひき肉を加えてさらに混ぜる。ラップをかけて電子レンジで約2分加熱して混ぜる。1、万能ねぎ、ごま、ごま油を加えて混ぜ、塩で味をととのえる。

Part
3

炊飯器だけで
本気見せ

材料を入れて「ピ!」とスイッチを押せば、
ほったらかしにできるのが炊飯器のメリット。
家事や読書にと、空いた時間を自由に使えます。
特に炊飯器の圧が活躍する
煮込み料理はおすすめです。

※撮影では基本的に5合炊き炊飯器を使用しています。
メーカーによって炊き上がりなどが異なるので
お使いの炊飯器の取扱説明書を確認の上、
ようすを見ながら炊飯時間を加減してください。

やみつきスペアリブ

ほったらかし調理なのに、おもてなしにもピッタリな華やかさ。
醤油系の白米にも合う味付けで、後を引くおいしさです。

材料 （2人分）

豚スペアリブ … 600g

A
- 水 … 100㎖
- 酒、みりん … 各50㎖
- 砂糖 … 大さじ2
- 醤油 … 大さじ1½
- トマトケチャップ … 大さじ1
- おろしにんにく … 小さじ1

ゆで卵 … 1個

作り方

1. 豚肉はフォークで数か所穴をあける。
2. 炊飯器の内がまにAを混ぜ、1を加えて普通炊飯で約60分炊く。
3. 炊き上がったら全体を混ぜる。器に盛り、内がまに残ったたれをからめたゆで卵と、好みでゆでたいんげん豆を添える。

炊飯器だけで本気見え！

材料をすべて入れて…

炊飯器のスイッチオン！

何もしなくても自動でできあがります
（レシピの炊飯時間を目安に、足りなければ保温や炊飯を追加してください）

骨からするっと
外れるほど
ほろほろの
お肉になります

Part 3

鶏むね肉の和風コンフィ

保温モードでゆっくり加熱

材料 （2人分）※3合炊きの炊飯器を推奨

鶏むね肉 … 大1枚（350g）
A ┃ 砂糖 … 小さじ1
　┃ 塩 … 小さじ¼
　┃ 粗挽き黒こしょう … 5ふり
オリーブ油 … 大さじ8
大葉（せん切り）… 5枚
みょうが（輪切り）… 2個

作り方

1. 鶏肉は1.5cm幅のそぎ切りにし、耐熱のポリ袋にAとともに入れてもみ、室温に30分おく。オリーブ油を加えてよくもみ、空気をぬいて袋を閉じる。

2. 炊飯器の内がまの2.5合のラインまで熱湯を入れ、3合のラインまで水を加えて湯温を75〜80℃にする。1を入れて保温モードで約60分加熱する（途中、1回袋を取り出してもみ混ぜる）。

3. 炊飯器から取り出して粗熱をとり、器に盛って大葉、みょうがをのせる。

memo
保温モードでじっくり加熱するので、やわらかな食感になります。和風の味付けですが、パンに合います。

豚肉と玉ねぎの まるごとポトフ

食材の旨みがスープに溶け出す

材料（2人分）

豚肩ロースかたまり肉…400g
A│酒…大さじ1
　│塩、こしょう…各少々
玉ねぎ…2個
にんじん（四つ割り）…1/2本（100g）
にんにく…1片
顆粒コンソメの素…小さじ2

作り方

1. 玉ねぎは底に十字に切り込みを入れる。にんにくは、つぶす。豚肉は半分に切ってAをもみ込む。

2. 炊飯器の内がまに①とにんじんを入れ、3合のラインまでの水とコンソメを加えて、普通炊飯で約60分炊く。

memo

玉ねぎは底に十字に切り込みを入れると火が通りやすくなり、甘みが引き立ちます。食材の旨みが溶け出て深みのあるスープに。

炊飯器調理で
ふんわり食感の
蒸しハンバーグの
できあがり

和風あんかけハンバーグ

豆腐入りの肉だねで、さっぱりとした味わいに。
肉だねを加熱後の内がまで、あんかけソースも作れます。

材料（2人分）

- A
  - 豚ひき肉…150g
  - 木綿豆腐（水切りしておく）…1/2丁（150g）
  - 塩…小さじ1/4
  - 片栗粉…大さじ1
- しめじ…1/2パック（100g）
- 水…150㎖
- B
  - 水…150㎖
  - 醤油、みりん…各大さじ1
  - 片栗粉…小さじ2
  - 和風だしの素（顆粒）…小さじ1/2
- 大葉（せん切り）…適量

作り方

1. 炊飯器の内がまでAを練り混ぜ、半量ずつ円盤形に整える。小房に分けたしめじ、水を加え、炊飯器の早炊きモードで約40分炊き、ハンバーグのみ器に盛る。

2. 続けて内がまにBを加えて混ぜ、普通炊飯で5～10分炊く（途中で1回混ぜる）。とろみがついたら1にかけて大葉をのせ、好みで野菜を添える。

memo

肉を炊飯器の内がまでこねれば、洗い物が少なく済みます。ソース用のしめじも一緒に調理して、肉だねに火を通した後に、続けてソースも作ります。

鯛のレモンアクアパッツァ

一尾まるごと調理して、食卓を華やかに

材料 （2～3人分）

ち鯛（長さ18㎝・下処理済み）
　…1尾（300g）
塩…少々
あさり（砂抜き済み）…200g
A [水…100㎖
　　酒…50㎖
　　白だし…大さじ1
　　オリーブ油…大さじ1]
ミニトマト…8個
にんにく（みじん切り）…1片
レモン（輪切り）…½個
乾燥パセリ…適量

作り方

1. ち鯛はキッチンペーパーで水けを拭き取り、ヒレを切り落として塩をまぶす。
2. 炊飯器の内がまに 1 、あさり、A を入れる。ミニトマト、にんにく、レモンをのせ、早炊きモードで35～40分炊く。器に盛り、パセリを散らす。

memo
ち鯛のほかに、いさきなど炊飯器に入るサイズの魚を選んでも。たらなど魚の切り身で代用も可能です。

ほろほろ鶏大根

柑橘系ジャムのさわやかな風味が隠し味

材料 （2人分）

鶏もも肉…1枚（300g）
大根（1.5cm厚さの半月切り）…300g

A
- 酒、みりん、水…各50㎖
- 醤油…大さじ2
- マーマレードジャム…大さじ3

作り方

1. 炊飯器の内がまにAを混ぜる。鶏肉はぶつ切りにして大根とともに加え、全体を混ぜて普通炊飯で約60分炊く。
2. 炊き上がったら全体を混ぜる。

memo
煮汁はできあがりでちょうどの量になるようにしているので、炊飯時間を超過しないよう気を付けてください。

鶏中華おこわ

切り餅が1個あれば、
もち米も蒸し器も不要です。
米にお餅をまとわせてモチモチの食感に。

材料 （3～4人分）

- 鶏もも肉 … 1/2枚（150g）
- 切り餅（8等分に切る）… 1個
- にんじん（細切り）… 1/4本（50g）
- しいたけ（薄切り）… 2個
- 米（といでおく）… 2合
- A
  - みりん、醤油、オイスターソース … 各大さじ1
  - 鶏ガラスープの素 … 小さじ1 1/2
- ごま油 … 小さじ1

作り方

1. 炊飯器の内がまに米とA、2合のラインまでの水を入れて全体を混ぜる。
2. 鶏肉は1cm角に切って①に加え、餅、にんじん、しいたけを順にのせ、普通炊飯で約60分炊く。
3. 炊き上がったら10分蒸らし、ごま油を回し入れて混ぜる。

memo
餅と米を一緒に炊けば、もち米のような食感に。炊き上がったらよく混ぜて、餅を全体にいきわたらせてください。

Part 3

お餅を入れて炊くと
あら不思議!
お米がおこわの食感に

まるごとトマトごはん

材料（3〜4人分）

トマト…小2個（200g）
ハーフベーコン（細切り）…4枚
米（といでおく）…2合
和風だしの素（顆粒）…小さじ2
醤油…小さじ1
塩…適量

作り方

1. トマトはヘタを除き、底に十字に切り込みを入れる。
2. 炊飯器の内がまに米、和風だしの素、醤油を入れ、水を1.5合と2合のラインの中間まで加えてさっと混ぜる。1とベーコンをのせ、普通炊飯で約60分炊く。
3. 炊き上がったら全体を混ぜ、塩で味をととのえる。

豚たまこんにゃく

材料（2人分）

豚肩ロースとんかつ用肉…250g
こんにゃく…1枚（250g）
うずらの卵（水煮）…6個
酒、みりん、水…各50mℓ
醤油、砂糖…各大さじ2
おろししょうが…小さじ2
長ねぎ（小口切り）…適量

作り方

1. 豚肉、こんにゃくはひと口大に切り、長ねぎ以外のすべての材料とともに炊飯器の内がまに入れる。全体を混ぜ、普通炊飯で約60分炊く。
2. 全体を混ぜて器に盛り、長ねぎを散らす。

とろ手羽大根

材料 （2人分）

鶏手羽元 … 6本
大根（1.5cm厚さのいちょう切り）
　… 250g
長ねぎ（青い部分）… 10cm
米 … 大さじ2
水 … 600mℓ
白だし、鶏ガラスープの素 … 各大さじ1
おろしにんにく、おろししょうが
　… 各小さじ1

作り方

1. 炊飯器の内がまにすべての材料を入れて混ぜ、普通炊飯で約60分炊く。

2. ねぎを取り除いて全体を混ぜ、器に盛り、好みでラー油や万能ねぎの小口切りを散らす。

豚とたけのこのオイスターソース煮

材料 （2人分）

豚肩ロースとんかつ用肉 … 300g
たけのこの水煮（いちょう切り）… 300g

A　水200mℓ、酒50mℓ、醤油・オイスターソース・砂糖各大さじ1、おろしにんにく・おろししょうが各小さじ1

作り方

1. 炊飯器の内がまにAを混ぜる。

2. 豚肉はひと口大に切り、たけのことともに1に加え、普通炊飯で約60分炊く。

3. 全体を混ぜて器に盛り、好みで万能ねぎの小口切りを散らす。

Part 4

1人前ほぼ 100円だけで 本気見せ

豆腐、豚こま切れ肉、鶏むね肉…
節約食材の代表格もかっちゃんのレシピなら
ご馳走感たっぷりの料理に大変身。
お金をかけなくても、目にも口にもおいしい
料理で華やかな食卓を楽しみましょう。

※1人前の金額は、
メインで使用する食材の税抜き価格を
取材時におけるスーパーの特価で算出しています。
季節や地域で差があるため、目安としてお使いください。

豆腐そぼろ混ぜそば

1人前ほぼ **87**円 だけ！

豆腐で作る大豆ミート。
多めに作り置きしても便利です

材料 （2人分）

木綿豆腐（水切りしておく）48円
　… 1丁（300g）
焼肉のたれ … 大さじ2
中華蒸し麺 … 2袋 79円

A ｜ 焼肉のたれ … 大さじ2
　｜ 鶏ガラスープの素 … 小さじ1/2
　｜ ごま油 … 大さじ1

万能ねぎ（小口切り）… 適量
卵黄 … 2個 46円
ごま油 … 小さじ2

作り方

1. フライパンにごま油を中火で熱し、豆腐を崩し入れ、水分を飛ばしながらそぼろ状になるまで炒める。焼肉のたれを加えてパラパラになるまで炒めて火を止める。

2. 耐熱容器に麺を入れて水少量（分量外）を回しかけ、ラップをかけて電子レンジで約2分加熱し、Aをあえる。

3. 器に②、万能ねぎ、①、卵黄の順に盛る。

memo
豆腐はヘラなどで細かくつぶしながら炒めます。焼肉のたれを加えるとまるで本物のそぼろ肉のような味わいに。

焼肉のたれで豆腐が肉に変身！豪快に黄身を混ぜて食べて

とろたまポーク

1人前ほぼ **116**円だけ!

豚肉と卵を中華風炒めに

材料 （2人分）

豚こま切れ肉 … 150g 162円

A
- 酒、片栗粉 … 各小さじ2
- 塩、こしょう … 各少々

卵 … 3個 69円

マヨネーズ … 大さじ1

B
- 水 … 100mℓ
- 醤油、オイスターソース … 各小さじ2
- 砂糖、ごま油、片栗粉 … 各小さじ1
- 鶏ガラスープの素 … 小さじ1/2

万能ねぎ（小口切り）、一味唐辛子 … 各適量
サラダ油 … 小さじ2

作り方

1. 豚肉に A をもみ込む。卵とマヨネーズは混ぜ合わせる。

2. フライパンにサラダ油を中火で熱し、1 の卵液を流し入れ、半熟に焼いて取り出す。続けてフライパンに豚肉を入れて炒め、肉の色が変わったら弱火にし、混ぜた B を加えて炒める。

3. とろみがついたら火を消し、卵を戻し入れて粗めに崩しながらさっと混ぜる。器に盛り、万能ねぎ、一味唐辛子を散らす。

memo

卵は半熟の状態で取り出し、戻し入れる際に火を止めることで、とろとろの半熟状態に仕上がります。

ガーリック てりマヨチキン

1人前ほぼ **102円** だけ！

にんにくがガツンときいたこってり派

材料（2人分）

鶏むね肉 … 1枚（300g） 204円
酒 … 大さじ1
塩 … 小さじ¼
片栗粉 … 大さじ2
A｜醤油、みりん … 各大さじ1½
　｜砂糖 … 小さじ2
　｜おろしにんにく … 小さじ1
マヨネーズ、万能ねぎ（小口切り）、
　サラダ油 … 各適量

作り方

1. 鶏肉は1cm幅のそぎ切りにし、酒、塩をもみ込んで10分おき、片栗粉をまぶす。
2. フライパンにサラダ油を中火で熱し、1を焼く。焼き色がついたら裏返してふたをし、弱めの中火で約2分30秒焼く。
3. Aを加えて炒め合わせる。器に盛り、マヨネーズをかけて万能ねぎを散らし、好みで野菜を添える。

memo

パサつきがちな鶏むね肉は、片栗粉をまぶして焼くとしっとりやわらかに。にんにくを省くと照り焼き風になり、お弁当におすすめです。

長いもと卵でふわとろ食感。だし明太の風味が絶品です

Part 4

明太長いもグラタン

包丁も牛乳も不要で、ささっとできる即席グラタン。
長いものシャキッとした食感も楽しい一品です。

1人前ほぼ **141円** だけ!

memo

長いもは食感を楽しめるよう、ある程度形を残して。グラタン皿に流し入れる際、ポリ袋の角を切って絞り出すとスムーズです。

材料 (2人分)

- <u>長いも</u>…300g ＜116円＞
- A
  - <u>卵</u>…2個 ＜46円＞
  - マヨネーズ…大さじ2
  - 和風だしの素(顆粒)…小さじ1
  - <u>明太子</u>(薄皮は除く)…40g ＜119円＞
- ピザ用チーズ、
  万能ねぎ(小口切り)…各適量

作り方

1. 長いもは皮をむいてポリ袋に入れ、麺棒でたたいてつぶす。Aを加えてもみ混ぜ、グラタン皿に流し入れ、チーズを散らす。

2. オーブントースターで10〜15分、こんがりと焼き色がつくまで焼き、万能ねぎをのせる。

豆腐から揚げ

 1人前ほぼ **36円** だけ！

材料 （2人分）

木綿豆腐（凍らせておく） 〈48円〉
　… 1丁（350g）
A │ 卵1個、〈23円〉醤油・ごま油各小さじ2、おろしにんにく小さじ1、塩、こしょう各少々
薄力粉… 大さじ1
米粉（または片栗粉）… 大さじ2
揚げ油… 適量

作り方

1. 豆腐はキッチンペーパーを二重にして包み、耐熱皿に入れて電子レンジで約7分加熱し、水けをしっかりきる。

2. ボウルにAを混ぜ、1をひと口大にちぎり入れて混ぜる。薄力粉、米粉を加え、その都度豆腐が崩れないように混ぜ合わせる。

3. 中温（170℃前後）の揚げ油で2を約4分、カラリと揚げて油をきる。器に盛り、好みで野菜を添える。

豆腐のオーロラ炒め

 1人前ほぼ **24円** だけ！

材料 （2人分）

木綿豆腐（水切りしておく） 〈48円〉
　… 1丁（300g）
片栗粉… 大さじ3
A │ マヨネーズ大さじ3、トマトケチャップ大さじ2、はちみつ大さじ1、酢・おろしにんにく各小さじ1、醤油小さじ1/2
サラダ油、粗挽き黒こしょう、
　万能ねぎ（小口切り）… 各適量

作り方

1. 豆腐は3cm角に切り、片栗粉をまぶす。

2. フライパンに多めのサラダ油を中火で熱し、1を途中返しながら全体が色づくまで揚げ焼きにして油をきる。

3. ボウルにAを混ぜ、2を加えてあえる。器に盛り、黒こしょうと万能ねぎを散らす。

もちコロ白菜焼売

*1人前ほぼ **65**円だけ!*

材料 （2人分）

- 豚ひき肉 … 50g 〔54円〕
- にんじん（せん切り）〔12円〕 … 1/4本（50g）
- 白菜（せん切り）… 200g 〔63円〕
- **A** 片栗粉大さじ4、鶏ガラスープの素小さじ1/2、ごま油小さじ1、塩・こしょう各少々

作り方

1. 耐熱容器ににんじん、白菜を順に入れ、ラップをかけて電子レンジで約3分加熱する。水にとって、水けをしっかり絞る。豚肉とともに **A** と混ぜる。

2. フライパンに縁から少しはみ出るくらいの大きさのクッキングシートを敷き、**1** を9～10等分にまるめて並べ入れる。クッキングシートの下に水約150㎖（分量外）を入れて中火にかける（クッキングシートに火がつかないよう注意）。沸騰したら弱めの中火にし、ふたをして約10分蒸す。

ゴロゴロなす焼売

*1人前ほぼ **114**円だけ!*

材料 （2人分）

- なす（5㎜の角切り）〔66円〕 … 1本（150g）
- 塩 … 小さじ1/4
- **A** 鶏ひき肉150g 〔162円〕、酒大さじ1/2、片栗粉大さじ2、オイスターソース・ごま油・おろしにんにく各小さじ1

作り方

1. ボウルに **A** を入れて粘りが出るまで混ぜる。

2. なすは塩をふってもんで水けをしっかり絞り、**1** に加えて混ぜる。

3. フライパンに縁から少しはみ出るくらいの大きさのクッキングシートを敷き、**2** を9～10等分にまるめて並べ入れる。クッキングシートの下に水約150㎖（分量外）を入れて中火にかける（クッキングシートに火がつかないよう注意）。沸騰したら弱めの中火にし、ふたをして約8分蒸す。

1人前ほぼ **68円** だけ！

海苔巻きえのき

材料 （2人分）

えのき … 1パック（200g） 88円
酒、醤油 … 各大さじ1
焼き海苔 … 1枚 48円
片栗粉、サラダ油 … 各適量

作り方

1. えのきは12等分の小房に分け、酒、醤油をまぶしてなじませる。海苔は縦半分、横6等分に切る（12枚の長方形に）。

2. えのき1房に対して海苔1カットを巻き、片栗粉をまぶす。

3. フライパンに多めのサラダ油を中火で熱して❷を入れ、途中裏返して全体が色づくまで揚げ焼きにし、油をきる。

大根フライ

1人前ほぼ **35円** だけ！

材料 （2人分）

大根（1cm厚さの半月切り） 47円
… 300g

A 醤油小さじ2、砂糖小さじ1、和風だしの素（顆粒）小さじ½、塩少々

B 卵1個、 23円 水大さじ2、薄力粉大さじ4

パン粉、サラダ油 … 各適量

作り方

1. 耐熱容器に大根とAを混ぜ、ラップをかけて電子レンジで約6分加熱してよく混ぜ、汁けをきる。

2. ボウルにBを混ぜてバッター液をつくり、❶をひとつずつくぐらせてからパン粉をまぶす。

3. フライパンに多めのサラダ油を中火で熱して❷を入れ、途中裏返して全体が色づくまで揚げ焼きにし、油をきる。器に盛り、好みで野菜を添える。

かにあんかけ茶わん蒸し

1人前ほぼ **31円** だけ!

材料 （2人分）

- A | 卵1個、(23円) 水150㎖、白だし小さじ2
- B | 水100㎖、白だし小さじ2、片栗粉小さじ1、醤油小さじ½
- かに風味かまぼこ … 30g (39円)
- 万能ねぎ（小口切り）… 少々

作り方

1. ボウルに A を混ぜ、ザルで濾しながら耐熱の器に半量ずつ流し入れ、アルミホイルでふたをする。
2. 深めのフライパンにペーパータオルを敷いて ① を並べ、器が⅓浸る程度の水を流し入れる。ふたをして中火にかけ、沸騰したら弱火で約15分蒸す。
3. 小鍋に B を混ぜ、弱火にかける。とろみがついたら、かに風味かまぼこをほぐし入れ、さっと煮る。蒸し上がった ② にかけ、万能ねぎをのせる。

のり塩豚天

1人前ほぼ **86円** だけ!

材料 （2人分）

- 豚こま切れ肉 … 160g (172円)
- A | 塩・こしょう各少々、酒小さじ2
- B | 水80㎖、薄力粉大さじ5½、片栗粉・マヨネーズ各大さじ1、青のり粉小さじ2
- サラダ油 … 適量

作り方

1. 豚肉は刻んで A をもみ込む。
2. ボウルに B を混ぜ、① を加えて混ぜる。
3. フライパンに多めのサラダ油を中火で熱し、② をスプーンですくって並べ入れる。途中裏返して全体が色づくまで揚げ焼きにし、油をきる。

Part
5

野菜1つ
だけで
本気見せ

今夜の献立にあと一品追加したいな。
晩酌のお供にすぐできるおつまみが欲しいな。
そんな時にぜひ加えてほしいのが
野菜1つだけでできるレシピです。
手早くできておいしい副菜は、
健康的な子どものおやつにもおすすめです。
「にんじんのガレット」「のり塩フライド大根」
など、ひと味違う調理法も楽しんでください。

大きななすに
からめた白だしが
ジュワッと広がります

焼きとろなす

にんにくの風味が合う

材料（2人分）

なす … 大1本（150〜200g）
A │ 白だし、水 … 各大さじ1
　│ おろしにんにく … 小さじ1
粗挽き黒こしょう … 適量
オリーブ油 … 大さじ1

作り方

1. なすはヘタを除いて縦半分に切り、切った面に格子状に切り目を入れる。
2. フライパンにオリーブ油を中火で熱し、1を入れて油をからめ、皮目を下にしてふたをする。途中裏返して約4分焼き、混ぜたAを加え、さっと煮立てる。器に盛り、黒こしょうと、好みで乾燥パセリを散らす。

memo — 調味料は、なすにからめるように熱してください。格子状の切り目からだしが染み込みます。

スパイシーなすスティック

材料（2人分）

なす … 2本（200g）
A │ 水・薄力粉各大さじ3、マヨネーズ・片栗粉各大さじ1、カレー粉小さじ1/2、塩・こしょう各少々
サラダ油 … 適量

作り方

1. なすはヘタを除いて縞状に皮をむき、長さを半分に切ってから縦4等分に切る。ポリ袋にAを混ぜ、なすを加えて軽くもんでころもをまとわせる。
2. フライパンに多めのサラダ油を中火で熱し、1を時々返しながら全体が色づくまで揚げ焼きにし、油をきる。

のり塩フライド大根

青のりの風味がきいています

材料（2人分）

大根（1.5cmの角切り）…300g
鶏ガラスープの素…小さじ1
薄力粉、片栗粉…各大さじ1½
青のり粉…大さじ½
塩…少々
揚げ油…適量

作り方

1. 大根に鶏ガラスープの素をまぶしてなじませ、続いて薄力粉と片栗粉を加えてまぶす。

2. 中温（170℃前後）に熱した揚げ油で①を6〜7分揚げ、油をきる。青のり粉と塩をまぶす。

外はサクッ、中はジュワッの新食感

Part 5

漬け蛇腹大根

材料 （作りやすい分量）

大根（5mm厚さの輪切り）… 300g
水 … 400㎖
塩 … 小さじ2
A | 醤油・酢・砂糖各大さじ1、和風だしの素（顆粒）小さじ2/3、ごま油小さじ1

作り方

1. 大根1枚の上下に竹串を置き、1～2mm間隔に切り目を入れ、裏返して45度回転させ同様に切り目を入れる。残りの大根も同様にする。ボウルに水、塩を混ぜ、大根を10分漬けおく。

2. ポリ袋にAを混ぜ、1の水けを絞って加えて軽くもみ、空気を抜いて口を閉じ20分漬ける。

memo

青のり粉と塩は、大きめのボウルに入れてすくうようにしてふると、まぶしやすいです。

サクサクの衣と甘みを増したブロッコリー。1株ペロリと食べられます

ブロッコリーの フリット

110万回超え再生の人気レシピです

材料 （2人分）

<u>ブロッコリー</u>… 1個（200g）
A
- 水… 大さじ5
- マヨネーズ… 大さじ1
- 薄力粉… 大さじ4
- 片栗粉… 大さじ2
- 鶏ガラスープの素… 小さじ1
- 塩、こしょう… 各少々

サラダ油… 適量

作り方

1. ボウルにAの水、マヨネーズを混ぜ合わせ、残りのAの材料を加えてよく混ぜる。小房に分けたブロッコリーを加え、ころもをまとわせる。
2. フライパンに多めのサラダ油を中火で熱し、1を途中裏返しながら全体が色づくまで揚げ焼きにし、油をきる。

漬けブロッコリー

材料 （作りやすい分量）

<u>ブロッコリー</u>… 大1個（350g）
塩… 少々
水… 大さじ3
A
- 白だし大さじ2、水大さじ1、酢大さじ1/2、鶏ガラスープの素小さじ1

鰹の削り節… 1パック
オリーブ油… 大さじ1

作り方

1. 保存容器にAを混ぜる。
2. フライパンにオリーブ油、小房に分けたブロッコリー、塩を入れて中火で熱し、油をなじませながら炒める。水を加えてふたをし、約5分蒸し焼きにする。1に鰹の削り節とともに加えて混ぜ、20分以上おく。

memo
ころもはピッタリの量なので薄づきになり、サクサクに揚がります。

たっぷりのにんにくで
シンプルだからこその
おいしさ

ガリバタにんじん

にんじん嫌いでも
食べやすいと人気！

材料 （2〜3人分）

にんじん（4cm長さの拍子切り）
　…2本（400g）
バター…10g
おろしにんにく、顆粒コンソメの素
　…各小さじ1
水…100mℓ
塩、こしょう…各適量

作り方

1. フライパンにバターを中火で溶かし、にんじん、にんにく、コンソメを入れて炒める。にんじんにバターがなじんだら水を加え、煮立ったら弱めの中火にしてふたをし、約8分蒸し焼きにする。

2. ふたをとって水分を飛ばしながら炒め、塩、こしょうで味をととのえる。

memo
蒸し焼きにして汁けを捨てないので、にんじんの甘みや旨みを逃しません。

にんじんのガレット

材料

（直径24cmのフライパン1個分）
にんじん（せん切り）…1本（200g）
塩…小さじ1/3
薄力粉…大さじ3
バター…10g

作り方

1. にんじんは塩をふってもみ、5分おいて水けを絞ってボウルに入れ、薄力粉を加えて混ぜる。

2. フライパンにバター半量を中火で溶かし、①を広げ入れる。ヘラで押さえながら焼き、底に焼き色がついたら取り出す。

3. フライパンに残りのバターを溶かし、②を裏返して戻し入れ、反対側もこんがりと焼く。食べやすい大きさに切って器に盛り、好みで乾燥パセリを散らす。

汁けをしっかり染み込ませた濃い口でご飯にもよく合います

甘辛ピーマン

甘辛さが後を引く佃煮に

材料（2人分）

- ピーマン…8個
- A 醤油…大さじ2
  みりん、酒、砂糖…各大さじ1
- 白いりごま…適量
- サラダ油…大さじ1

作り方

1. ピーマンは縦半分に切ってから横1.5cm幅に切る。
2. フライパンにサラダ油を中火で熱し、❶を油をからめながら炒める。Aを加えてさっと混ぜ、ふたをして弱めの中火で約5分蒸し焼きにする。
3. ふたをとって強めの中火にし、汁けがほとんどなくなるまで炒める。器に盛り、ごまをふる。

Part 5

くたくたピーマン

材料 （2人分）

ピーマン（二つ割り）…5個
ごま油、水…各大さじ1
A｜醤油・みりん各大さじ1、砂糖大さじ1/2
鰹の削り節…1パック
白いりごま…少々

作り方

1. フライパンにごま油、ピーマンを中火で熱してさっと炒め、油がなじんだら皮目を下にして焼く。焼きめがついたら裏返し、水を加えてふたをして約1分蒸し焼きにする。

2. **A**を加えて汁けを飛ばしながら炒め、鰹の削り節を加えて混ぜる。器に盛り、ごまを散らす。

---

memo

汁けがほとんどなくなるくらいまで炒めて、ピーマンに調味料をからめて佃煮にしてください。

ザクホクッぽてと

材料 （2人分）

じゃがいも（1cm幅の拍子切り）
　… 2個（200g）
A│薄力粉大さじ3、片栗粉大さじ1、塩ひとつまみ
マヨネーズ… 大さじ1
水… 大さじ3
サラダ油… 適量

作り方

1. ボウルにじゃがいもとAを混ぜ、粉が全体にいきわたったらマヨネーズ、水を加えて混ぜる。
2. フライパンに多めのサラダ油を中火で熱する。❶を5〜6本ずつ束にして入れ、途中裏返して全体をこんがりと揚げ焼きにし、油をきる。

とうもろこしのかき揚げ

材料 （2人分）

コーン缶（ホール）
　… 小1缶（固形量120g）
A│マヨネーズ小さじ2、水大さじ1½、薄力粉・片栗粉各大さじ1、塩・こしょう各少々
サラダ油… 適量

作り方

1. ボウルにAを材料リストの順に入れてその都度よく混ぜ、コーンの汁けをきって加え、さっと混ぜる。
2. フライパンに多めのサラダ油を中火で熱し、❶をスプーンで円形に並べ入れる。途中裏返して全体が色づくまで揚げ焼きにし、油をきる。

だし漬けオクラ

材料（作りやすい分量）

オクラ … 12本
塩 … 少々
A｜水100㎖、白だし大さじ3、酢・砂糖各小さじ1、塩昆布3g、鷹の爪（輪切り）少々
白いりごま … 適量

作り方

1. オクラはガクを除き、塩をふっていたずりをし、水でさっと洗って水けをきる。耐熱容器に入れてラップをかけ、電子レンジで約2分加熱する。

2. ポリ袋に❶とAを入れて混ぜ、袋の空気を抜いて口を閉じ、冷蔵庫で60分以上漬ける。器に盛り、ごまをふる。

さつまいもの揚げだんご

材料（2人分）

さつまいも … 200g
A｜砂糖大さじ1、塩少々、水大さじ4〜6
だんご粉（または片栗粉）… 大さじ3
サラダ油 … 適量

作り方

1. さつまいもは皮をむいて乱切りにし、耐熱ボウルに入れてラップをかけ、電子レンジで約3分加熱する。

2. ❶をペースト状につぶし、Aを加えてよく混ぜ、だんご粉を加えてさらに混ぜる。

3. フライパンに多めのサラダ油を中火で熱し、❷を20等分の円盤形にまるめて並べ入れる。時々返しながらこんがりと揚げ焼きにし、油をきる。

ポリポリわさきゅー

材料 （2人分）

きゅうり（乱切り）… 2本（200g）
塩… 小さじ1/2
A | オリーブ油・おろしわさび・白いりごま各小さじ1、和風だしの素（顆粒）小さじ1/2

作り方

1. きゅうりは塩をふってもみ込み10分おき、水けを絞る。Aを加えてあえる。

塩バターかぼちゃ

材料 （2人分）

かぼちゃ… 正味200g
A | バター（刻む）10g、水大さじ1、塩少々
白いりごま… 適量

作り方

1. かぼちゃは皮付きのまま2〜3cm角に切り、耐熱ボウルにAとともに入れてラップをかけ、電子レンジで約5分加熱する。
2. 全体を混ぜて器に盛り、ごまをふる。

ふりふりレタス

材料 （2人分）

レタス… 1/2個（200g）
A | ごま油・白いりごま各大さじ1、鶏ガラスープの素・練りからし各小さじ1
刻み海苔… 適量

作り方

1. ポリ袋にAをもみ混ぜ、レタスを食べやすい大きさにちぎり入れてふり混ぜる。器に盛り、海苔を散らす。

さくころズッキーニ

材料（2人分）

<u>ズッキーニ</u>…1本（200g）
A 醤油小さじ 2/3、鶏ガラスープの素・おろしにんにく各小さじ1
片栗粉…大さじ2　サラダ油…適量

作り方

1. ズッキーニは縞状に皮をむいて乱切りにし、Aをあえ、片栗粉をまぶす。
2. フライパンに多めのサラダ油を中火で熱して1を皮目から入れ、時々返しながらカラリと揚げ焼きにし、油をきる。

サク旨ごぼう

材料（2人分）

<u>ごぼう</u>（1cm幅の斜め切り）…1本（150g）
A 醤油小さじ2、砂糖・鶏ガラスープの素・おろしにんにく・ごま油各小さじ1
片栗粉…大さじ2　サラダ油…適量

作り方

1. ごぼうはAをあえて5分おき、片栗粉をまぶす。
2. フライパンに多めのサラダ油を中火で熱し、1を時々返しながら4〜5分揚げ焼きにして油をきる。

アボカドの焼き浸し

材料（2人分）

<u>アボカド</u>…1個
片栗粉…大さじ1
A 水50ml、白だし・醤油・おろしわさび各小さじ1
鰹の削り節…適量
サラダ油…小さじ1

作り方

1. アボカドは縦4等分に切って、片栗粉をまぶす。
2. フライパンにサラダ油を中火で熱し、1を途中裏返して焼き色がつくまで焼き、器に盛る。Aを混ぜてかけ、鰹の削り節を散らす。

Part 6

食材2つ だけで
本気見せ

じゃがいもと鶏肉、えびと卵…など、
メイン食材2つで作れるおかずレシピは、
冷蔵庫の中身が少ない時の救世主です。
なすと豚肉をミルフィーユ状にしたり、
豚こま切れ肉をボリュームアップしたりと、
料理を豪華に見せるかっちゃんらしいワザも
随所に発揮しています。
冷蔵庫とにらめっこする時間とさよならです。

なすと豚肉をミルフィーユ状に重ねて華やかに

なすとんかつ

なすの力で、とんかつがよりジューシーに。
薄切り肉でも、ボリュームも味もワンランクアップします。

材料（2人分）

豚ロース薄切り肉 … 6枚
塩、こしょう … 各少々
なす … 小1本（100g）
A
- 卵 … 1個
- 水 … 大さじ2
- 薄力粉 … 大さじ4

薄力粉、パン粉、サラダ油 … 各適量

作り方

1. なすはヘタを除き、上下2か所皮をむいて縦4等分に切り、薄力粉をまぶす。豚肉は塩、こしょうをまぶす。

2. バットにAを混ぜ、バッター液をつくる。

3. 豚肉3枚、なす2切れを、豚肉→なす→豚肉→なす→豚肉の順に重ねる。残りも同様にし、それぞれバッター液にくぐらせてパン粉をまぶす。

4. フライパンに多めのサラダ油を中火で熱し、3を途中返しながら6～8分揚げ焼きにし、油をきる。食べやすい大きさに切って器に盛り、好みの野菜を添える。

memo
なすは皮をむくことで平らになり、肉ときれいに重ねることができます。口の中でなすと肉のジューシーさが広がりますよ。

てりたまポーク

豚こま切れ肉をまるめて食べ応えたっぷり

材料（2人分）

- 豚こま切れ肉 … 250g
- 酒 … 大さじ1
- 塩、こしょう … 各少々
- 片栗粉 … 小さじ2
- 卵 … 2個
- A
  - マヨネーズ … 大さじ2
  - 塩、粗挽き黒こしょう … 各少々
- B
  - みりん、醤油 … 各大さじ1
  - 砂糖 … 大さじ1/2
- サラダ油 … 小さじ2

作り方

1. 豚肉に酒、塩、こしょうをもみ込み、片栗粉をまぶす。
2. フライパンにサラダ油を中火で熱して卵を割り入れ、固焼きの目玉焼きにして取り出す。粗熱がとれたら粗く刻み、Aを加えて混ぜてタルタルソースをつくる。
3. 続けてフライパンを中火で熱し、豚肉を14等分して直径2〜3cmの円盤形にまるめて並べ入れる。焼き色がついたら裏返し、ふたをして弱めの中火で約2分焼く。Bを加えて強めの中火でからめ、器に盛る。2をのせ広げ、好みで野菜を添える。

---

memo

ゆで卵がなくても、目玉焼きでタルタルソースは作れます。両面をよく焼いて固焼きにしてください。

ガリバタ さつまいもチキン

甘じょっぱさがさつまいもに合う

材料 （2人分）

鶏もも肉…小1枚（250g）
塩…少々
片栗粉…大さじ1½
さつまいも（乱切り）…200g
A │ 醤油、みりん…大さじ1½
　│ 砂糖…小さじ2
　│ おろしにんにく…小さじ1
サラダ油…小さじ2
バター…10g

作り方

1. さつまいもは耐熱容器に入れ、ラップをかけて電子レンジで約3分加熱する。鶏肉はひと口大に切って塩をふり、片栗粉をまぶす。
2. フライパンにサラダ油を中火で熱し、1を並べ入れる。焼きめがついたら裏返してふたをし、約2分焼く。
3. キッチンペーパーでフライパンの余分な脂を拭き取り、混ぜたAとバターを加えてからめ、器に盛る。

memo

さつまいもは電子レンジ調理で時短に。水にさっとさらして水けをきり、水がついた状態で加熱してください。

ヤンニョムなすチキン

鶏もも肉となすの組み合わせは、ともにジューシーで相性抜群です。
食材に片栗粉をまぶすので、ピリ辛のたれがよくからみます。

材料 （2人分）

鶏もも肉…小1枚（200g）
なす…2本（250g）
片栗粉…大さじ2

A
- みりん…大さじ2
- 醤油…大さじ1
- 砂糖…小さじ2
- コチュジャン、トマトケチャップ、
  おろしにんにく…各小さじ1

サラダ油…大さじ2
白いりごま、万能ねぎ（小口切り）
　…各適量

作り方

1. なすは皮を縞状にむき1.5cm幅の輪切りに、鶏肉はひと口大に切り、ともに片栗粉をまぶす。

2. フライパンにサラダ油を中火で熱し、なすと、鶏肉の皮目を下にして焼く。焼き目がついたら裏返し、ふたをして弱めの中火で約2分焼き、混ぜたAを加えて炒め合わせる。器に盛り、ごま、万能ねぎを散らす。

memo

ポリ袋を使うと手を汚さずに粉をまぶせます。なす、鶏肉を一度に入れてOKです。

Part 6

韓国の定番料理に
なすも加えて。
鶏肉の旨みを吸って
とっても美味

海老ユッケ丼

コチュジャンと醤油のたれに漬け込むだけ。
そのままおつまみでも、丼にしてもおいしい

材料 （1人分）

赤えび（生食用、下処理する）… 6尾

A
- 醤油 … 大さじ1
- みりん、ごま油 … 各大さじ1/2
- オイスターソース、コチュジャン、おろしにんにく … 各小さじ1/2

温かいご飯 … 茶碗1杯分
卵黄 … 1個
粗挽き黒こしょう … 少々

作り方

1. ボウルにAを混ぜ、ひと口大に切ったえびを入れて冷蔵庫で20分漬ける。
2. 器にご飯、1、卵黄の順に盛り、黒こしょうをふる。

memo

えびの下処理は頭を除き、つまようじで背ワタを取り、殻をむきます。色が付くので手袋をするのがおすすめ。えびの頭はよいだしが出るので、味噌汁にして添えても。

こんがり梅だれ豚きゅー

食欲のない時も食べやすいさっぱり味

材料（2人分）

豚こま切れ肉 … 200g
- A
  - 酒 … 大さじ1
  - 塩 … 少々

片栗粉 … 大さじ2
きゅうり（薄い輪切り）… 2本（200g）
塩 … 小さじ¼
- B
  - 醤油、みりん、
    オイスターソース、酢
    … 各大さじ1
  - 砂糖 … 小さじ2
  - 梅干し（はちみつ漬け・
    種を除きたたく）… 2粒

サラダ油 … 小さじ2
白いりごま … 適量

作り方

1. 耐熱容器に **B** のみりん、砂糖を入れて電子レンジで約30秒加熱し、残りの **B** を加えて混ぜる。
2. きゅうりは塩をまぶす。豚肉は **A** をもみ込んで片栗粉をまぶす。
3. フライパンにサラダ油を中火で熱し、**2**の豚肉を1枚ずつつまるめて並べ入れる。途中裏返して焼き、全体にカリッと焦げめがついたら**1**に入れる。**2**のきゅうりの水けをしぼって**1**に加え、あえる。器に盛り、ごまをふる。

memo — 豚肉は香ばしい風味が楽しめるよう、茶色く色づくほどこんがりと焼くのがポイントです。

紅しょうがの肉巻き

材料 （2人分）

豚ロース薄切り肉 … 6枚
紅しょうが … 40g
A　お好み焼きソース大さじ2、水大さじ1、おろしにんにく小さじ1
片栗粉、サラダ油 … 各適量

作り方

1. 豚肉1枚ずつに紅しょうがを等分してのせて巻き、豚肉の表面に片栗粉をまぶす。

2. フライパンにサラダ油を中火で熱し、1 の巻き終わりを下にして焼く。とじ目がくっついたら返しながら全体をこんがりと焼く。

3. ペーパータオルでフライパンの余分な脂を拭き取り、Aを加えてからめ、器に盛る。好みで白いりごまを散らして野菜を添える。

新玉ねぎチキン

材料 （2人分）

鶏もも肉 … 1枚（350g）
塩 … 少々
片栗粉 … 大さじ1 1/2
A　新玉ねぎ（または玉ねぎ、すりおろし）1/2個（100g）、醤油大さじ2、みりん・砂糖各大さじ1、酢小さじ2、おろしにんにく小さじ1
サラダ油 … 適量

作り方

1. 鶏肉はひと口大に切って塩をふり、片栗粉をまぶす。

2. フライパンにサラダ油を中火で熱し、1 の皮目を下にして並べ入れる。焼き色がついたら裏返し、ふたをして弱めの中火で約1分焼く。Aを加えてさっと混ぜてふたをし、約2分蒸し焼きにする。器に盛り、好みで野菜を添える。

Part 6

ゴーヤーちくわ

材料 （2人分）

ゴーヤー（薄切り）… 1/2本（100g）
塩…小さじ1/4
砂糖…小さじ1
ちくわ…3本
A | 水大さじ4、薄力粉大さじ3、片栗粉大さじ1、マヨネーズ小さじ2、塩・こしょう各少々
サラダ油…適量

作り方

1. ゴーヤーに塩と砂糖をまぶし、15分おいて水けをしっかり絞る。ちくわは細切りにする。
2. ボウルにAを混ぜ、1を加えて混ぜる。
3. フライパンに多めのサラダ油を中火で熱し、2をスプーンですくって並べ入れる。途中裏返し、全体をカラリと揚げ焼きにして油をきる。

焼き鶏じゃが

材料 （2人分）

鶏もも肉…小1枚（250g）
A | 塩・こしょう各少々、薄力粉 大さじ1
じゃがいも（ひと口大に切る）
　…2個（250g）
B | 酒・みりん各大さじ1、醤油・オイスターソース・砂糖各小さじ2
サラダ油…適量

作り方

1. 鶏肉はひと口大に切ってAをまぶす。じゃがいもは耐熱容器に入れてラップをかけ、電子レンジで約2分30秒加熱する。
2. フライパンにサラダ油を中火で熱し、1を並べ入れる。焼き色がついたら裏返し、ふたをして弱めの中火で約2分焼く。
3. ペーパータオルでフライパンの余分な脂を拭き取り、Bを加えて強めの中火で汁けを飛ばしながら炒める。器に盛り、好みで万能ねぎを散らす。

揚げ出し鶏大根

材料（2人分）

鶏もも肉…小1枚（200g）
大根（乱切り）…250g
塩…少々
片栗粉…大さじ3
A│水100mℓ、醤油・みりん各大さじ1、砂糖小さじ1、和風だしの素（顆粒）小さじ1/2
サラダ油…適量

作り方

1. 大根は耐熱容器に入れてラップをかけ、電子レンジで約4分加熱して水けをきる。鶏肉はひと口大に切って塩をまぶし、大根とともに片栗粉をまぶす。

2. フライパンに多めのサラダ油を中火で熱し、❶を並べ入れる（鶏肉は皮目を下にする）。途中裏返して約6分揚げ焼きにし、油をきって器に盛る。

3. 別のフライパンにAを入れて中火にかけて混ぜ溶かし、❷にかける。好みで万能ねぎを散らす。

アボカドチキン

材料（2人分）

鶏むね肉…小1枚（250g）
アボカド（5mmの角切り）…小1個（150g）
A│酒大さじ2、鶏ガラスープの素・おろしにんにく各小さじ1、醤油小さじ1/2、塩・こしょう各少々
片栗粉…大さじ3
サラダ油…小さじ2

作り方

1. 鶏肉は5mm角に切り、Aと片栗粉を順に加えて混ぜる。アボカドを加えてさらに混ぜる。

2. フライパンにサラダ油を中火で熱し、❶をスプーンで10～12等分にすくって並べ入れる。焼き色が付いたら裏返してふたをし、弱めの中火で約2分30秒焼く。

キャベツの豚バラ太巻き

材料（2人分）

豚バラ薄切り肉 … 200g
キャベツ（せん切り）… 150g
塩 … 小さじ1/2
片栗粉 … 適量
A | 醤油・みりん各大さじ1、砂糖小さじ1
サラダ油 … 小さじ2

作り方

1. キャベツは塩をもみ込み、しんなりしたら水けを絞る。
2. 豚肉は端を重ねながら幅16cmほどになるよう縦に並べる。手前に❶をのせてきつく巻き、表面に片栗粉をまぶす。
3. フライパンにサラダ油を中火で熱し、❷を入れて転がしなら全体をこんがりと焼き、Aを加えてからめる。食べやすい大きさに切り、器に盛る。

ねぎだく水晶たら

材料（2人分）

たら（切り身）… 200g
塩 … 少々
片栗粉 … 適量
A | 醤油大さじ1、みりん・砂糖・酢各大さじ1/2
万能ねぎ（小口切り）… 20g

作り方

1. たらはひと口大に切って塩をふり、片栗粉をまぶす。熱湯で2〜3分ゆでて氷水にとり、水けをきって器に盛る。
2. 耐熱容器にAのみりん、砂糖を入れて電子レンジで約20秒加熱する。残りのAを加えて混ぜ、❶にかけ、万能ねぎをのせる。

Part

7

| パーティー |
| だって |
| 本気見せ |

ひな祭りやハロウィン、クリスマスに誕生日。
季節のイベントやホームパーティに
家族や友人たちと囲む食卓は
いつもより華やかにしたいですよね。
鶏肉を生地にした驚きのピザなど
みんなでわいわいシェアする料理から
炊飯器でつくるケーキなどのスイーツまで
つくるのも食べるのも楽しいレシピです。

たまご押し寿司

トッピングは好みの魚介や野菜に代えて楽しんで。
ひな祭りなど、お祝いの席にもぴったりです。

材料

(9×9×6cmの豆腐パック2個分)
むきえび … 2尾
スモークサーモン … 1切れ
ほうれん草 … 1/4束(50g)

○酢めし
温かいご飯 … 1合分(約320g)
A │ 酢 … 大さじ2
　│ 砂糖 … 大さじ1
　│ 塩 … 小さじ1/2
白いりごま … 小さじ2

○錦糸卵
卵 … 1個
B │ 片栗粉 … 小さじ1/2
　│ 水 … 小さじ1
　│ 塩 … 少々
サラダ油 … 適量

作り方

1. 酢めしをつくる。混ぜたAをご飯に加え、さっくりと混ぜながら粗熱をとり、ごまを加えて混ぜる。

2. 錦糸卵をつくる。混ぜたBと、卵をよく混ぜる。フライパンにサラダ油を中火で熱し、薄焼き卵を焼く。残りも同様に焼いて粗熱をとり、せん切りにする。

3. ほうれん草、えびはそれぞれ熱湯でゆで、ほうれん草はざく切りにする。スモークサーモンは半分に切る。

4. 豆腐パックに錦糸卵と酢めしを、順に1/4量ずつ四層に重ねて詰める。器に返して中身を取り出し、3をトッピングする。

memo
錦糸卵、酢めしの順でパックに層になるように詰めます。酢めしはギュッと上から押すように詰めてください。トッピングは鮭フレークや刺身などお好みで変えて楽しんでください。

Part 7

豆腐の空きパックで
かんたん華やか
ミニ押し寿司

てりたまチキンピザ

鶏肉をピザ生地に見立てたパーティーメニューです

材料 （2～3人分）

A
- ゆで卵 … 2個
- マヨネーズ … 大さじ1
- 塩、こしょう … 各少々

鶏むね肉 … 1枚（300g）

B
- 片栗粉 … 大さじ2
- 醤油、みりん … 各大さじ1
- 砂糖 … 小さじ2
- 塩、こしょう … 各少々

玉ねぎ（薄切り）… 1/8個（30g）
ピザ用チーズ … 30g
マヨネーズ・サラダ油 … 各適量

作り方

1. A は、卵を崩しながら混ぜ合わせる。
2. 鶏肉は皮を除いて厚みを半分に切り開き、大きめのそぎ切りにしてから細切りにする。皮は刻む。ボウルに入れ、B を加えてもみ込む。
3. フライパンにサラダ油を薄くひき、2を直径24cmの円形に広げ入れて中火にかける。焼き色がつき全体が固まったら、焼き目を上にしてクッキングシートに取り出す。
4. 3にマヨネーズを縞状にかけ、玉ねぎ、1、チーズを順にのせ広げる。クッキングシートごとフライパンに戻し入れ、ふたをして約2分30秒焼く。アルミホイルに取り出し、再びマヨネーズをかけてオーブントースターでチーズに焦げめがつくまで焼き、好みで万能ねぎを散らす。

memo

クッキングシートを敷くと、フライパンから取り出しやすくなります。クッキングシートに火が付かないよう気を付けて。

ミルフィーユ たまごサンド

材料 （2人分）

ゆで卵…2個
A｜マヨネーズ大さじ2、
　｜塩・練りからし各少々
食パン（10枚切り）…4枚
バター…適量

作り方

1. ゆで卵は卵黄と卵白に分け、ボウルに卵黄を入れてヘラでつぶし、Aを加えて混ぜる。卵白を刻んで加え、混ぜる。
2. 食パンの片面にバターをぬり、1の1/3量をのせる。これを繰り返してミルフィーユ状に挟む。
3. パンの耳を切り落とし、オーブントースターでこんがりと表面を焼く。食べやすい大きさに切って器に盛る。

手羽先 フライドチキン

材料 （2～3人分）

鶏手羽先…8本
A｜酒・醤油各大さじ1、鶏ガラスープの素・
　｜おろしにんにく・おろししょうが各小さ
　｜じ1、塩・こしょう各少々、オールスパ
　｜イス3～5ふり
薄力粉、片栗粉…各大さじ2
揚げ油…適量

作り方

1. 手羽先は関節に切り込みを入れ、切り込み部分を折り曲げて中の骨の先端を出し、手羽先の先は切り落とす。骨に沿って指を入れて骨と肉をはがし、肉を手羽の付け根側へ寄せる。
2. 1にAをもみ込んで10分おき、薄力粉と片栗粉を混ぜてまぶす。
3. フライパンに揚げ油を中温（170℃前後）に熱し、2を時々返しながら5～6分揚げて油をきる。

炊飯器で炊くだけで
ふわふわのスフレケーキが
完成します

かぼちゃの
スフレチーズケーキ

メレンゲの泡立て方と混ぜ方がポイント。
かぼちゃの優しい甘みが楽しめ、ハロウィンにおすすめです。

材料

（3合炊きの炊飯器1個分）
かぼちゃ（正味・乱切り）… 100g
スライスチーズ（溶けないタイプ）
　… 4枚
牛乳 … 大さじ2
グラニュー糖 … 30g
卵黄 … 3個分
ホットケーキミックス（ふるう）
　… 40g
A｜卵白 … 3個分
　｜グラニュー糖 … 30g
サラダ油 … 適量

［下準備］
炊飯器の内がまにサラダ油を薄くぬる。

作り方

1. かぼちゃは耐熱ボウルに入れてラップをかけ、電子レンジで約2分30秒加熱する。チーズをちぎり入れてラップをかけ、電子レンジでさらに約1分加熱する。牛乳、グラニュー糖を加えてブレンダーでペースト状になるまで混ぜる。卵黄、ホットケーキミックスを順に加えてヘラでよく混ぜる。

2. ボウルに A を入れ、角が立つ程度のメレンゲに泡立てる。半量を 1 に加えてなめらかになるまで混ぜ、残りも加えて泡をつぶさないように底からすくうように混ぜる。

3. 炊飯器の内がまに 2 を流し入れ、普通炊飯で約60分炊く。内がまを取り出して少し高いところから数回落とし、濡れふきんをかけて冷ます。粗熱がとれたら逆さにして器に取り出す。

memo
2回目に加えるメレンゲは、気泡をつぶさないようさっくりと混ぜて。生地を60分炊飯したら、竹ぐしを刺して焼き具合を確認し、足りなければ炊飯時間を追加してください。

ひと口チョコチュロス

ミニサイズだからお配りにも便利です

材料 （20個分）

絹ごし豆腐 … 90g
ホットケーキミックス … 100g
板チョコレート（好みの物）… 1/2枚
ナッツ（好みの物、刻む）、
　揚げ油 … 各適量

作り方

1. ボウルに豆腐とホットケーキミックスを入れ、粉っぽさがなくなるまでヘラでよく混ぜる。星形の口金が付いたしぼり袋に入れ、クッキングシートに直径4cmの円状に絞り出す。生地1個分ずつにクッキングシートをカットする。

2. 揚げ油を低温（160℃）に熱し、❶の生地を下にしてクッキングシートごと入れ、上下を返しながら全体がこんがり色づくまで揚げて油をきる（クッキングシートは途中で取り除く）。

3. ボウルにチョコレートを割り入れて湯煎にかけて溶かす。粗熱がとれた❷をディップしてクッキングシートに並べ、チョコレートが固まるまでおく。ナッツなどをトッピングする場合は、チョコレートが固まる前に散らす。

memo

固めの生地なので、搾り終わりはキッチンバサミで切るときれいに仕上がります。

まるごとみかんケーキ

材料
(18×8×6cmのパウンドケーキ型1個分)
みかん(皮をむく)…小4個
みかんの皮(刻む)…15g
A｜卵1個、牛乳・サラダ油各大さじ2、砂糖大さじ3
ホットケーキミックス…100g

[下準備]
・オーブンは180℃に温めておく。
・パウンド型にクッキングシートを敷いておく。

作り方
1. ボウルにA、みかんの皮、ホットケーキミックスを順に入れ、その都度よく混ぜる。
2. 型に1の半量を流し入れ、みかんを縦に並べ入れる。みかんの側面に残りの1を流し入れ、ヘラなどでみかんの位置を型の中央に整えながら、みかんの表面に生地をぬる。
3. 180℃のオーブンで約35分焼き、粗熱がとれたら型から取り出し、食べやすい大きさに切って器に盛る。

ごろごろ桃ゼリー

材料
(20×14×6cmの保存容器1個分)
桃…2個
水…400ml
砂糖…70g
レモン果汁…大さじ1
ゼラチン…10g

[下準備]
・ゼラチンは水大さじ3を加え、ふやかしておく。

作り方
1. 桃は二つ割りにして種を取り除く。鍋に水、砂糖を入れて中火にかけ、沸騰したら弱火にし、皮を下にして桃を並べ入れ、レモン果汁を加えて約5分煮る。裏返してさらに3分煮たら、再度裏返して火からおろし、粗熱をとる。
2. 1の桃の皮を除いてひと口大に切り、保存容器に入れる(煮汁は取り置く)。
3. 下準備したゼラチンは電子レンジで20秒加熱して混ぜ、取り置いた煮汁に加えて混ぜる。2の保存容器に流し入れ、ふたをして冷蔵庫で冷やし固める。

Column

毎日の
レシピ作り

料理を楽しんでもらいたいな。
そんな想いで、料理をし、動画を撮影・編集し、
右の写真のように毎日、配信しています。
365日の配信の中で、
どのようにレシピを作っていると思いますか？
そんなことを、つらつらとつづってみました。
日々の献立づくりのヒントになったらうれしいです。

料理のこと

家族との食卓が一日でいちばん好きな時間

　私にとって、一日のうちで夜ごはんの時間がいちばん楽しいです。仕事を終えて、家族とおいしいご飯を食べる時間が、すごく幸せ。テーブルに料理が並んで、そこに会話があって、お酒を飲んで、「明日も頑張ろう」って思います。私にとって料理はそういうもの。

　レシピを作る時に大切にしているのは、「今日、これ食べたい」と、「ワクワクしたい」という気持ち。買い物でおいしそうななすに出合って、「なすと肉を重ねてみよう！」って、ミルフィーユ状の「なすとんかつ」（P92）が生まれました。とんかつなのに、なすなの!?　という驚きを届けたいから。それがおいしければ、もっとうれしいから。いつも同じ料理だと、作っている方も飽きてしまう。「サクコロちくわごぼう」（P26）も、ちくわにごぼうが入るって思わないかもしれないけど、ちくわを食べたいから何を詰めようかなって考えながらスーパーに行ったら、ごぼうが安かった。あ、意外と入った、みたいな（笑）。ひらめきのかっちゃんワールド。こんな使い方もできるんだっていうワクワク感で、料理する時間も楽しんでいます。

　そんな中で、人気シリーズも生まれます。「パリパリシリーズ」（P120）は、見た目も味も超クリスピーピザ、だけど土台は餃子の皮。手軽で安い食材なのに、できあがりが本当においしいし応用も利くから、視聴者さんも新しい味を待ってくれています。型にとらわれずに、発見を大切にして自分流に料理を楽しみたいですね。P118から人気シリーズも紹介しているので、楽しんでもらえたらうれしいです。

料理を軸に、活動の幅を広げていきたい

動画配信をやりたいなって思ったのは、2013年のこと。やりたい！　と思ってやってみたらはまって、それが今でも続いています。料理の動画を配信するようになったのは1年くらい経ってから。もともと好きだった料理で再現レシピ紹介をしたら視聴者さんに喜んでもらえたのがうれしくて。以来、月曜日以外は、毎日動画を配信。これを11年間続けています。撮影はだいたい14時くらいから。実家のキッチンで、カメラを手元撮影用として調理台に1台、できあがり撮影用にテーブルに1台置いて撮影するスタイルも長く続けています。だから家の物がいろいろ映り込んでいますし、家族や愛犬が登場したりすることも（笑）。もちろん事前に試作もしますが、いつも母が試食してくれています。編集も配信も自分ひとりで全部行っているので、けっこう大変。でも、みなさんに楽しんでもらうには、料理の質がいちばん大事だと思って取り組んでいます。

調理道具は、耐熱ボウルやピーラーなど100円均一ショップで購入したものも多く、調味料だって特別にこだわったものを使っているわけではありません。それでも、料理は楽しめるし、おいしいものが作れます。

最近は、ずっと続けてきた料理を軸に、もっとできることがあるだろうなって考えています。料理教室、飲食店…まだまだやりたいことを探せるかなって。田舎暮らしもいいな…なんてあこがれもあるので、もしかしたら数年後、山の中でジビエが楽しめるカフェを開いているかも…？　そんな妄想をしながら、日々、料理を楽しんでいます。

毎日、更新しています

仕事のこと

次のページから人気シリーズを紹介します

巾着シリーズ

煮ても焼いてもおいしい油揚げ。驚きのある食材の組み合わせで人気です。

トマト巾着

材料 （2人分）

油揚げ（正方形）…6枚

A　トマト（1cmの角切り）1個（200g）、ハーフベーコン（細切り）2枚、プロセスチーズ（1cmの角切り）25g、溶き卵1個分、塩・こしょう各少々

B　水300mℓ、醤油小さじ2、砂糖・顆粒コンソメの素各小さじ1

作り方

1. 油揚げは袋状に口を開き、熱湯をかけて油抜きをして水けを絞る。

2. Aを混ぜ、1に等分して詰め、スパゲッティの麺やつまようじで縫うようにして口を閉じる。

3. 鍋に2とBを入れ、強火にかける。煮立ったら弱めの中火にして落としぶたをし、煮汁が¼ほどになるまで約15分煮る。

キャベチー焼き巾着

材料 （2人分）

油揚げ（正方形）…4枚
キャベツ（粗みじん切り）…150g

A　豚ひき肉…100g、酒・片栗粉各大さじ1、鶏ガラスープの素・おろしにんにく各小さじ1、塩・こしょう各少々

ピザ用チーズ…40g
サラダ油…少々

作り方

1. キャベツは耐熱ボウルに入れてラップをかけ、電子レンジで約1分30秒加熱する。粗熱がとれたら水けを絞る。

2. Aを練り混ぜ、粘りが出たら1とピザ用チーズを加えて混ぜる。

3. 油揚げは袋状に口を開き、2を等分して詰める。

4. フライパンにサラダ油を中火で熱し、3を並べ入れる。焼き目がついたら裏返し、水大さじ6（分量外）を加えてふたをし、弱めの中火で約7分蒸し焼きにする。ふたを取り、水分を飛ばしながら両面がパリッとするまで焼く。

混ぜて焼くだけシリーズ

こんがり焼き豚じゃが

材料（2人分）

豚こま切れ肉…200g
A | 酒大さじ3、片栗粉大さじ2、鶏ガラスープの素・おろしにんにく各小さじ1、塩・粗挽き黒こしょう各適量
じゃがいも（せん切り）…1個（150g）
サラダ油…適量

作り方

1. 豚肉は刻み、Aを加えてよく混ぜ、じゃがいもを加えてさらに混ぜる（じゃがいもは折れてもOK）。
2. フライパンにサラダ油を中火で熱し、1を10等分して円盤形に丸めて並べ入れる。焼き目がついたら裏返し、弱めの中火にしてふたをし、約3分焼く。

こんがり豚もやし

材料（2人分）

豚こま切れ肉…200g
A | 卵1個、片栗粉大さじ2、塩・こしょう各少々
もやし（ざく切り）…1袋（200g）
B | 醤油、みりん各大さじ1½、砂糖小さじ2、おろしにんにく小さじ1
サラダ油…適量

作り方

1. 豚肉は刻み、Aとよく混ぜ、もやしを加えてさらに混ぜる。
2. フライパンにサラダ油を中火で熱し、1を10等分して円盤形に丸めて並べ入れる。焼き目がついたら裏返し、弱めの中火にしてふたをし、約3分焼く。Bを加えて強めの中火にし、汁けを煮からめる。

刻んで粗挽き肉のようにジューシーになる豚こま切れ肉にいろいろ混ぜて楽しみます。

パリパリシリーズ

大好きなクリスピーピザを餃子の皮で。ピザ生地超えのおいしさです。

パリパリ大葉トマト

材料 （2人分）

- トマト（薄切り）…1個（200g）
- 大葉（せん切り）…4枚
- 餃子の皮…15～20枚
- マヨネーズ、粗挽き黒こしょう、オリーブ油…各適量
- 塩…少々
- ピザ用チーズ…40g

作り方

1. フライパンにオリーブ油を薄くひき、餃子の皮を重ねながら直径22cmほどに広げて並べる（半量を並べたら、隙間を埋めるようにさらに半量を重ねるとよい）。

2. 1の全体にマヨネーズを網状にかけ、大葉を散らし、トマトを並べる。塩をふってピザ用チーズを散らし、全体にマヨネーズをかけて黒こしょうをふる。ふたをして中火にかけて、約5分焼く。

3. アルミホイルに取り出し、魚焼きグリルでチーズに焼き目がつくまで焼く。好みで乾燥パセリを散らす。

パリパリツナポテト

材料 （2人分）

- じゃがいも…小1個（100g）
- A | ツナ缶（油をきる）1缶、おろしにんにく小さじ1、顆粒コンソメの素小さじ½
- 餃子の皮…15～20枚
- ピザ用チーズ…40g
- オリーブ油、トマトケチャップ、マヨネーズ、粗挽き黒こしょう…各適量

作り方

1. じゃがいもは皮をむき耐熱ボウルに入れ、ラップをかけて電子レンジで約3分30秒加熱し、粗くつぶしてAと混ぜる。

2. フライパンにオリーブ油を薄くひき、餃子の皮を重ねながら直径22cmほどに広げて並べる（半量を敷いたら、隙間を埋めるようにさらに半量を重ねるとよい）。

3. 2の表面にトマトケチャップをぬり、1とピザ用チーズを順にのせ広げる。マヨネーズを網状にかけ、黒こしょうを散らす。ふたをして中火にかけ、約5分焼く。

4. アルミホイルに取り出し、魚焼きグリルでチーズに焼き目がつくまで焼く。好みで乾燥パセリを散らす。

おにぎりシリーズ

おにぎりだけで満足感のあるいろんなおにぎりを作っています。

カニたくおにぎり

材料（5個分）

かに風味かまぼこ…6本
たくあん（細切り）…50g
万能ねぎ（小口切り）…3本
マヨネーズ、白いりごま…各大さじ1
温かいご飯…1合分
塩…適量

作り方

1. かに風味かまぼこは長さを3等分に切ってほぐす。塩以外の材料とともにご飯と混ぜ、塩で味をととのえる。1/5量ずつ三角形に握る。

ブロッコリーおにぎり

材料（5個分）

ブロッコリー（小房に分ける）…1/2個（150g）
A｜塩昆布10g、白いりごま大さじ1、オリーブ油小さじ2、塩小さじ1/4、おろしにんにく（好みで）小さじ1
温かいご飯…1合分

作り方

1. ブロッコリーは耐熱ボウルに入れてラップをかけ、電子レンジで約2分加熱する。粗熱がとれたら水けを絞り、房を細かくちぎる。Aを加えて混ぜる。
2. ご飯を加えて混ぜ、1/5量ずつ三角形に握る。

地元のこと

地元のおいしいものを知ると、料理がもっと楽しい

　私が暮らしているのは東海地方の岐阜県。地元には道の駅や直売所がたくさんあり、そこへ食材を買い出しがてら遊びに行くのが大好き！　見ているだけで楽しいし、おいしいものとの出合いがうれしい。地元は、にんじんの出荷量が多くて味もいいんです。畜産も盛んで、岐阜県は飛騨牛が有名ですが、ほかにもボーノポークぎふをはじめとする銘柄豚もたくさん。そういうものを探したりお気に入りを見つけたりすると、日々の料理がさらに楽しくなります。

　地元には好きな人や場所もたくさん。仲良しの飲食店の方と一緒に街のイベントに出店したり、視聴者さん向けに料理を販売するイベントに協力していただいたりと、ひとりではできないことも地元の人たちの協力で叶えることができています。大好きな地元を盛り上げるために何かしたいな…そんな想いから、つながりができた「山川醸造」とコラボしてオリジナル調味料も作っています。今では少なくなった、木桶で醤油を仕込んでいるこだわりの蔵元。その歴史やストーリーに惹かれて、ここで作ったものをみなさんに届けたいって思ったんですよね。

　岐阜は山に囲まれていて自然が豊かで、子どもの頃はキャンプや魚釣りなんかにもよく行きました。のんびりしていてとっても暮らしやすいところです。これからも、料理を通して、地元や人とのつながりを大切にしていきたいです。みなさんの街には、どんなおいしいものやおいしい場所との出合いがあり、どんな素敵な人たちがいますか？

地元の蔵元さんと
コラボしています

山川醸造から販売している「かっちゃんの万能しやぁうゆ」と「かっちゃんの旨やぁたれ」。販売時期や限定数はかっちゃんのSNSや山川醸造のホームページで告知しています。

地元のイベントに
出店しています

地元の仲良しのお店と共同で、毎年イベントにも出店。カレーやサンドイッチなど、毎回いろいろな料理を出しています。視聴者の方々に直接お会いできるのもうれしいです。

主要食材別Index

肉類・加工肉

▶ 合いびき肉
ワンボウルチャプチェ ………… 32
豆腐のすき煮 ………………… 44
おつまみ肉キャベツ ………… 47

▶ 鶏ささ身肉
てりマヨささ身 ……………… 20

▶ 鶏手羽元
とろ手羽大根 ………………… 61

▶ 鶏手羽先
手羽先フライドチキン ……… 109

▶ 鶏ひき肉
彩りだし巻き卵 ……………… 39
肉詰め厚揚げ ………………… 43
ゴロゴロなす焼売 …………… 71

▶ 鶏むね肉
鶏むね肉の和風コンフィ …… 52
ガーリックてりマヨチキン … 67
アボカドチキン ……………… 102
てりたまチキンピザ ………… 108

▶ 鶏もも肉
名古屋風スパイシーチキン … 15
やみつきカルボチキン ……… 23
てりうまチキン ……………… 34
ごろごろチキンのトマトカレー
……………………………… 35
ハニーマスタードチキン …… 42
ほろほろ鶏大根 ……………… 57
鶏中華おこわ ………………… 58
ガリバタさつまいもチキン … 95
ヤンニョムなすチキン ……… 96
新玉ねぎチキン ……………… 100
焼き鶏じゃが ………………… 101

揚げ出し鶏大根 ……………… 102

▶ 豚肩ロースかたまり肉
サラダポーク ………………… 40
豚肉と玉ねぎのまるごとポトフ
……………………………… 53

▶ 豚肩ロースとんかつ用肉
豚のから揚げ ………………… 27
豚たまこんにゃく …………… 60
豚とたけのこのオイスターソース煮
……………………………… 61

▶ 豚こま切れ肉
豚こま魯肉飯 ………………… 16
豚こまトンテキ ……………… 18
豚こましょうが焼き ………… 19
塩だれ豚きゅうり …………… 28
台湾風焼きそば ……………… 47
とろたまポーク ……………… 66
のり塩豚天 …………………… 73
てりたまポーク ……………… 94
こんがり梅だれ豚きゅー …… 99
こんがり焼き豚じゃが ……… 119
こんがり豚もやし …………… 119

▶ 豚しょうが焼き用肉
たれかつ ……………………… 14

▶ 豚スペアリブ
やみつきスペアリブ ………… 50

▶ 豚バラ薄切り肉
キャベツの豚バラ太巻き …… 103

▶ 豚ひき肉
とろとろ肉なすグラタン …… 22
和風あんかけハンバーグ …… 54
もちコロ白菜焼売 …………… 71
キャベチー焼き巾着 ………… 118

▶ 豚ロース薄切り肉
なすとんかつ ………………… 92
紅しょうがの肉巻き ………… 100

▶ 豚ロースとんかつ用肉
たまご豚チリ ………………… 12

▶ ベーコン
ポタージュパングラタン …… 28
大根のグラタン風 …………… 44
まるごとトマトごはん ……… 60
トマト巾着 …………………… 118

魚介類・加工品

▶ 赤えび
海老ユッケ丼 ………………… 98

▶ あさり
鯛のレモンアクアパッツァ … 56

▶ かに風味かまぼこ
あんかけ豆卵 ………………… 38
かにあんかけ茶わん蒸し …… 73
カニたくおにぎり …………… 121

▶ 鮭
鮭の南蛮漬け風 ……………… 45

▶ さつま揚げ
冷やしなすおでん …………… 36

▶ 塩鯖
ぺぺ鯖 ………………………… 26

▶ ししゃも
ししゃも春巻き ……………… 29

▶ スモークサーモン
たまご押し寿司 ……………… 106

▶ たら
ねぎだく水晶たら …………… 103

▶ ち鯛
鯛のレモンアクアパッツァ ……… 56
▶ ちくわ
サクコロちくわごぼう ………… 26
冷やしなすおでん ……………… 36
ゴーヤーちくわ ………………… 101
▶ むきえび
えびのクリームパスタ ………… 46
たまご押し寿司 ………………… 106
▶ 明太子
明太長いもグラタン …………… 68

野菜類・果実類

▶ アボカド
アボカドの焼き浸し …………… 89
アボカドチキン ………………… 102
▶ えのき
海苔巻きえのき ………………… 72
▶ エリンギ
和風きのこパスタ ……………… 46
▶ オクラ
だし漬けオクラ ………………… 87
▶ 大葉
ししゃも春巻き ………………… 29
鶏むね肉の和風コンフィ ……… 52
和風あんかけハンバーグ ……… 54
パリパリ大葉トマト …………… 120
▶ かぼちゃ
塩バターかぼちゃ ……………… 88
かぼちゃのスフレチーズケーキ
…………………………………… 110

▶ キャベツ
おつまみ肉キャベツ …………… 47
キャベツの豚バラ太巻き ……… 103
キャベチー焼き巾着 …………… 118
▶ きゅうり
塩だれ豚きゅうり ……………… 28
ポリポリわさきゅー …………… 88
こんがり梅だれ豚きゅー ……… 99
▶ ごぼう
サクコロちくわごぼう ………… 26
サク旨ごぼう …………………… 89
▶ ゴーヤー
ゴーヤーちくわ ………………… 101
▶ さつまいも
さつまいもの揚げだんご ……… 87
ガリバタさつまいもチキン …… 95
▶ しいたけ
彩りだし巻き卵 ………………… 39
鶏中華おこわ …………………… 58
▶ しめじ
和風きのこパスタ ……………… 46
和風あんかけハンバーグ ……… 54
▶ じゃがいも
ザクホクッぽてと ……………… 86
焼き鶏じゃが …………………… 101
こんがり焼き豚じゃが ………… 119
パリパリツナポテト …………… 120
▶ ズッキーニ
さくころズッキーニ …………… 89
▶ 大根
大根のグラタン風 ……………… 44
ほろほろ鶏大根 ………………… 57
とろ手羽大根 …………………… 61
大根フライ ……………………… 72

のり塩フライド大根 …………… 78
漬け蛇腹大根 …………………… 79
揚げ出し鶏大根 ………………… 102
▶ たけのこ
豚とたけのこのオイスターソース煮
…………………………………… 61
▶ 玉ねぎ
豚こまトンテキ ………………… 18
豚こましょうが焼き …………… 19
やみつきカルボチキン ………… 23
ごろごろチキンのトマトカレー
…………………………………… 35
鮭の南蛮漬け風 ………………… 45
豚肉と玉ねぎのまるごとポトフ
…………………………………… 53
新玉ねぎチキン ………………… 100
てりたまチキンピザ …………… 108
▶ トマト
まるごとトマトごはん ………… 60
トマト巾着 ……………………… 118
パリパリ大葉トマト …………… 120
▶ 長いも
明太長いもグラタン …………… 68
▶ 長ねぎ
よだれ厚揚げ …………………… 27
塩だれ豚きゅうり ……………… 28
とろ手羽大根 …………………… 61
▶ なす
とろとろ肉なすグラタン ……… 22
冷やしなすおでん ……………… 36
ゴロゴロなす焼売 ……………… 71
焼きとろなす …………………… 76
スパイシーなすスティック …… 77
なすとんかつ …………………… 92

主要食材別Index

ヤンニョムなすチキン ……… 96
▶ にら
ワンボウルチャプチェ ……… 32
台湾風焼きそば ……………… 47
▶ にんじん
ワンボウルチャプチェ ……… 32
彩りだし巻き卵 ……………… 39
鮭の南蛮漬け風 ……………… 45
豚肉と玉ねぎのまるごとポトフ
……………………………… 53
鶏中華おこわ ………………… 58
もちコロ白菜焼売 …………… 71
ガリバタにんじん …………… 82
にんじんのガレット ………… 83
▶ 白菜
豆腐のすき煮 ………………… 44
もちコロ白菜焼売 …………… 71
▶ 万能ねぎ
あんかけ豆卵 ………………… 38
彩りだし巻き卵 ……………… 39
おつまみ肉キャベツ ………… 47
豆腐そぼろ混ぜそば ………… 64
ねぎだく水晶たら …………… 103
カニたくおにぎり …………… 121
▶ ピーマン
ワンボウルチャプチェ ……… 32
鮭の南蛮漬け風 ……………… 45
甘辛ピーマン ………………… 84
くたくたピーマン …………… 85
▶ ブロッコリー
えびのクリームパスタ ……… 46
ブロッコリーのフリット …… 80
漬けブロッコリー …………… 81
ブロッコリーおにぎり ……… 121

▶ ほうれん草
ペペ鯖 ………………………… 26
たまご押し寿司 ……………… 106
▶ みかん
まるごとみかんケーキ ……… 113
▶ ミニトマト
冷やしなすおでん …………… 36
鯛のレモンアクアパッツァ …… 56
▶ みょうが
鶏むね肉の和風コンフィ …… 52
▶ 桃
ごろごろ桃ゼリー …………… 113
▶ もやし
台湾風焼きそば ……………… 47
こんがり豚もやし …………… 119
▶ リーフレタス
サラダポーク ………………… 40
▶ レタス
ふりふりレタス ……………… 88
▶ レモン
鯛のレモンアクアパッツァ …… 56

豆腐類・油揚げ類

▶ 厚揚げ
よだれ厚揚げ ………………… 27
肉詰め厚揚げ ………………… 43
▶ 油揚げ
いなりあげ餅 ………………… 45
トマト巾着 …………………… 118
キャベチー焼き巾着 ………… 118
▶ 絹ごし豆腐
あんかけ豆卵 ………………… 38

ひと口チョコチュロス ……… 112
▶ 木綿豆腐
豆腐のすき煮 ………………… 44
和風あんかけハンバーグ …… 54
豆腐そぼろ混ぜそば ………… 64
豆腐から揚げ ………………… 70
豆腐のオーロラ炒め ………… 70

卵類

▶ うずらの卵
豚たまこんにゃく …………… 60
▶ 卵
たまご豚チリ ………………… 12
たれかつ ……………………… 14
豚こま魯肉飯 ………………… 16
やみつきカルボチキン ……… 23
極上チーズ天津飯 …………… 24
塩チーズフレンチトースト …… 29
あんかけ豆卵 ………………… 38
彩りだし巻き卵 ……………… 39
やみつきスペアリブ ………… 50
豆腐そぼろ混ぜそば ………… 64
とろたまポーク ……………… 66
明太長いもグラタン ………… 68
豆腐から揚げ ………………… 70
大根フライ …………………… 72
かにあんかけ茶わん蒸し …… 73
てりたまポーク ……………… 94
海老ユッケ丼 ………………… 98
たまご押し寿司 ……………… 106
てりたまチキンピザ ………… 108
ミルフィーユたまごサンド …… 109

126

かぼちゃのスフレチーズケーキ
　………………………………… 110
まるごとみかんケーキ ……… 113
トマト巾着 ………………………… 118
こんがり豚もやし ………………… 119

乳類・乳製品

▶ **粉チーズ**
やみつきカルボチキン ………… 23
▶ **牛乳**
やみつきカルボチキン ………… 23
ポタージュパングラタン ……… 28
塩チーズフレンチトースト …… 29
大根のグラタン風 ……………… 44
えびのクリームパスタ ………… 46
かぼちゃのスフレチーズケーキ
　………………………………… 110
まるごとみかんケーキ ……… 113
▶ **スライスチーズ**
かぼちゃのスフレチーズケーキ
　………………………………… 110
▶ **ピザ用チーズ**
とろとろ肉なすグラタン ……… 22
極上チーズ天津飯 ……………… 24
ポタージュパングラタン ……… 28
塩チーズフレンチトースト …… 29
大根のグラタン風 ……………… 44
明太長いもグラタン …………… 68
てりたまチキンピザ …………… 108
キャベチー焼き巾着 …………… 118
パリパリ大葉トマト …………… 120
パリパリツナポテト …………… 120

▶ **プロセスチーズ**
トマト巾着 ……………………… 118

乾物・缶詰

▶ **カットトマト缶**
ごろごろチキンのトマトカレー
　………………………………… 35
▶ **コーン缶**
ポタージュパングラタン ……… 28
とうもろこしのかき揚げ ……… 86
▶ **ツナ缶**
パリパリツナポテト …………… 120
▶ **緑豆春雨**
ワンボウルチャプチェ ………… 32

穀類

▶ **餃子の皮**
パリパリ大葉トマト …………… 120
パリパリツナポテト …………… 120
▶ **切り餅**
いなりあげ餅 …………………… 45
鶏中華おこわ …………………… 58
▶ **米・ご飯**
豚こま魯肉飯 …………………… 16
極上チーズ天津飯 ……………… 24
ごろごろチキンのトマトカレー
　………………………………… 35
鶏中華おこわ …………………… 58
まるごとトマトごはん ………… 60
とろ手羽大根 …………………… 61

海老ユッケ丼 …………………… 98
たまご押し寿司 ………………… 106
カニたくおにぎり ……………… 121
ブロッコリーおにぎり ………… 121
▶ **食パン**
ポタージュパングラタン ……… 28
塩チーズフレンチトースト …… 29
ミルフィーユたまごサンド …… 109
▶ **スパゲッティ**
えびのクリームパスタ ………… 46
和風きのこパスタ ……………… 46
▶ **中華蒸し麺**
台湾風焼きそば ………………… 47
豆腐そぼろ混ぜそば …………… 64
▶ **春巻きの皮**
ししゃも春巻き ………………… 29
▶ **ホットケーキミックス**
かぼちゃのスフレチーズケーキ
　………………………………… 110
ひと口チョコチュロス ………… 112
まるごとみかんケーキ ……… 113

そのほか

▶ **こんにゃく**
豚たまこんにゃく ……………… 60
▶ **たくあん**
カニたくおにぎり ……………… 121
▶ **紅しょうが**
紅しょうがの肉巻き …………… 100
▶ **焼き海苔**
海苔巻きえのき ………………… 72
▶ **塩昆布**
ブロッコリーおにぎり ………… 121

かっちゃん

「日常においしい・たのしい料理を！」をモットーに、簡単・節約などさまざまなテーマで料理動画を配信しているYouTuber。手軽でおいしいレシピと親しみやすいキャラクターで人気を集め、YouTubeチャンネル「kattyanneru/かっちゃんねる」登録者は149万人（2024年10月現在）。岐阜県在住。

簡単・時短・節約なのに
"食卓映え"する100レシピ

ラクして！本気見せごはん

2024年12月3日　初版発行

著者／かっちゃん
発行者／山下直久
発行／株式会社KADOKAWA
　　　〒102-8177
　　　東京都千代田区富士見2-13-3
　　　電話0570-002-301（ナビダイヤル）
印刷・製本／TOPPANクロレ株式会社

本書の無断複製（コピー、スキャン、デジタル化等）並びに無断複製物の譲渡および配信は、著作権法上での例外を除き禁じられています。また、本書を代行業者等の第三者に依頼して複製する行為は、たとえ個人や家庭内での利用であっても一切認められておりません。

お問い合わせ
https://www.kadokawa.co.jp/
（「お問い合わせ」へお進みください）
※内容によっては、お答えできない場合があります。
※サポートは日本国内のみとさせていただきます。
※Japanese text only

定価はカバーに表示してあります。
©kattyan 2024　Printed in Japan
ISBN 978-4-04-683830-8　C0077